悩む力

メンタリスト
DaiGo

天才にすら勝てる考え方
「クリティカル・シンキング」

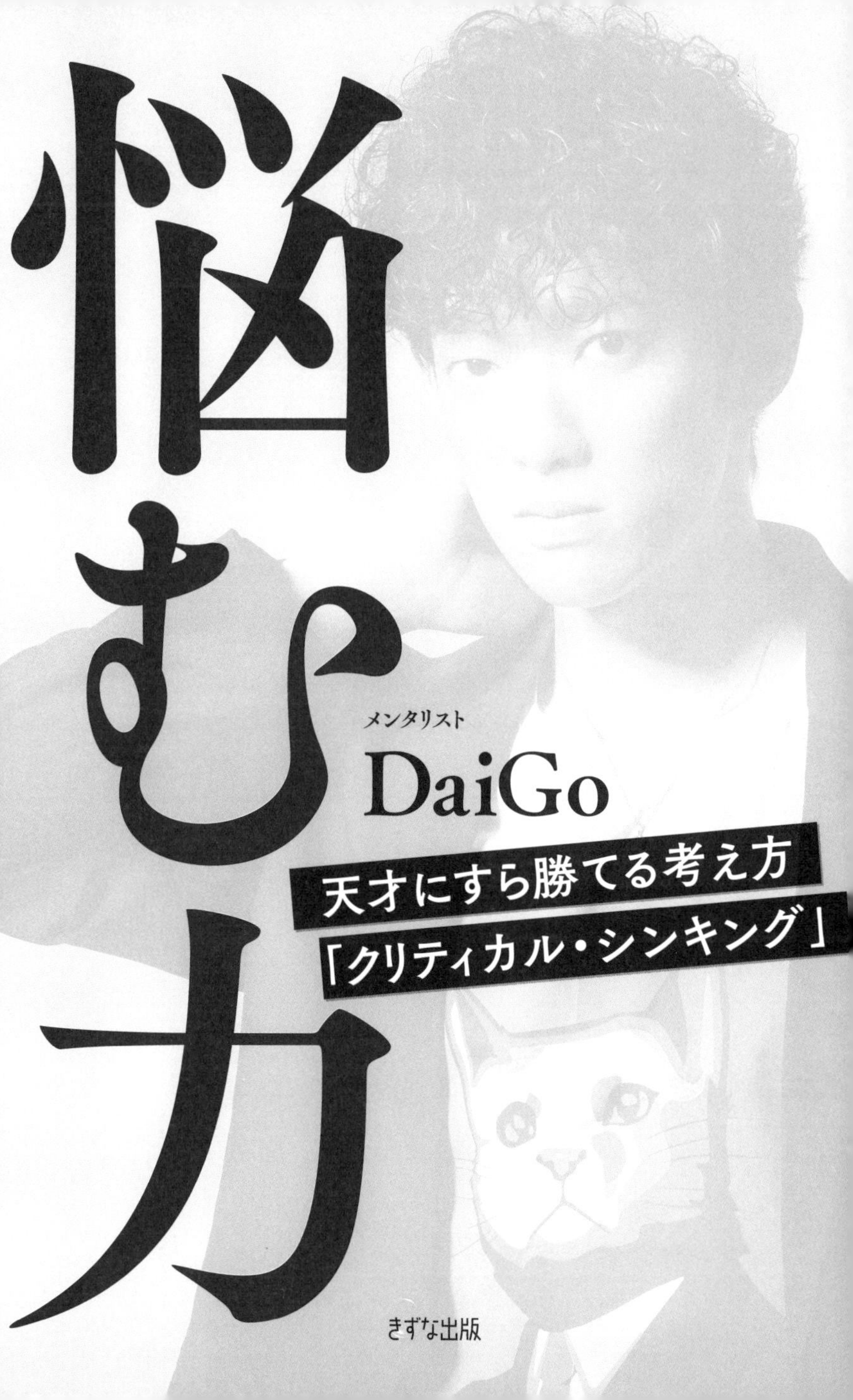

きずな出版

「思考力や判断力が磨かれ、鍛えられる」
「仕事や勉強面だけでなく、家族や友人関係も好転する」
「キャリアの成功に役立つ」
「ものごとを決めるのがうまくなる」
「自分をよく理解できるようになる」
「未来を予測しやすくなる」
「コミュニケーションがうまくなる」
「嫌な気分を軽くしてくれる」
「ダマされにくくなる」
「発想力が広くなる」……etc.

そんな究極の思考法「悩む力」——

はじめに

「クリティカル・シンキング」、直訳すると「批判的思考《ひはんてきしこう》」と聞いて、どんなイメージを持ちますか？

批判といえば、よくあるSNSでの否定コメントや荒らし、いわゆるアンチ行為を想像してしまう人もいるかもしれません。しかし、この思考法は、決して他者を攻撃するようなネガティブなものではなく、自身の論理や内容について内省《ないせい》することを意味します。

自分自身の主張から一歩離れて、「ん？　ちょっと待てよ。本当にそれで合っていると言えるのか？　別の方法はないのか？」と自問自答する行為であり、考え方のことです。

人は誰しも、自身のことは自分が一番よく知っているし、わかっていると過信しがちですが、思い込みや偏見がない人間はこの世にいません。Ｊ－ＰＯＰなどには「自分を信じろ」といった歌詞が頻出しますが、自分を信じることと、自分が絶対に正しいと思い込むことはまったくの別もの。私たち人間は、どんなに知性が高い人だろうが、自分の思考を偏りなく見つめることができないということが、複数の実験であきらかにされています。

つまり、**クリティカル・シンキングとは「人の思考には偏りがあるものだ」という前提をふまえたうえで、あらゆる仮説を立て、根拠をデータで証明し、具体的なゴールに向かって最適解を探し続け、できる限り偏りのない主張を構築していく作業のこと**です。

誰しも「おや？　それでいいのかな？　その話、本当かな？」といった疑念を抱いたことがあるはず。そこから一歩進んだ思考を身につけましょう、というのが本書の提案です。

これまでに何冊もの本を出してきた私が、昔からもっとも重要視しているのも、他ならぬこのクリティカル・シンキングの考え方です。

なぜなら、このような内省する能力、効果的な質問を生み出すスキルなどは、人生のあらゆる場面で用いることが可能ですし、偏りのない選択や決断を何度もくり返すうちに、

・思考力や判断力が磨かれ、鍛えられる

・仕事や勉強面だけでなく、家族や友人関係も好転する

といった、かけがえのないメリットを手に入れることができるからです。

哲学者のエニスは、批判的にものごとを考えられる人の特徴として、次の12の性質をあげています。

①言われたこと、書かれたこと、伝えられた内容の意図している意味が明晰《めいせき》にわかること
②結論や問いを確定し、これに焦点をおくこと
③全体的な状況を説明すること
④根拠を探し与えること
⑤十分に情報を得ようとすること
⑥他の選択肢を探すこと
⑦状況が要求するかぎりの正確さを追求すること
⑧自己の基礎的な信念を反省的に意識しようとすること
⑨偏見のないこと：自分自身の意見よりも他人の意見を真剣に考慮すること

⑩証拠と理由が不十分であるときには判断を差しひかえること
⑪証拠と理由が十分揃っていたら、その立場をとる（あるいは変更する）こと
⑫自分自身にクリティカル・シンキングの能力を用いること

YouTubeに代表される動画配信サービスが勢いを増し、ネットのニュースサイトが乱立する現代では、私たちが接する情報の量は日を追うごとに激増しています。

それと同時に人生に必要のない情報も増え、自分にとって必要なものや大切なもの、本当に望んでいるものがわからなくなってしまうケースはめずらしくありません。芸能人のゴシップやスキャンダルといった下世話なニュースの閲覧、不正確なフェイクニュースに惑《まど》わされることほど、人生の時間において無駄なものはないでしょう。

質の高い情報を自ら選び抜かねばならない現代においては、思考力を高めるトレーニング、そして「悩む力」をつける習慣が大切なのです。

世の中にあふれる情報を「へえ、そうなんだ」と受動的に受け入れるのではなく、「なぜ？それはどういう意味？　自分はどうすべき？」とつねに疑問を持つこと。

「ググって終わり」ではなく、さまざまな角度から検討し、自らの頭で思考し続けること。

ぱっと見で説得力を感じたとしても、いったん距離を置いて検討してみること。

これらの態度を維持できれば、あなたはつねにベストな結論に近づき、よりよい人生を送ることができます。

変化の激しい現代では、「前までこうだったから」や「やったことがないから」などの言い訳は通用しません。**慣例やルールにとらわれずに納得できる根拠を明確に検証していくことは、ものごとの本質を見つけ、新しい時代を生き抜く助けとなります。**

本書でご紹介する究極の思考法「悩む力」が、あなたの人生にとって大きな力になると確信しています。

はじめに 003

第1章
凡人が天才に勝つ唯一の思考法

●「生まれつきの天才」に、努力で勝つのは不可能？ 016
●「クリティカル・シンキング」とは何か？ 018
●どれだけ知性が高くても、思い込みには勝てない 020
●あなたが「思い込みの罠」に強いかどうかを判断する3つの問題 022
●生まれつきの天才でも合理思考ができない理由 025
●人間の不合理さを学ぶだけでも、あなたは合理的になる 027
●チキンレースを抜け出し、競争せずに人生を勝つ 029
●優秀なクリティカルシンカーがおこなう6つの習慣 033

第2章
クリティカル・シンキングで得られる8つのメリット

第3章

●クリティカル・シンキングには、あらゆる面でメリットがある 046
●メリット1「キャリアの成功に役立つ」 047
●メリット2「ものごとを決めるのがうまくなる」 050
●メリット3「自分をよく理解できるようになる」 054
●メリット4「未来を予測しやすくなる」 061
●メリット5「コミュニケーションがうまくなる」 064
●メリット6「嫌な気分を軽くしてくれる」 070
●メリット7「フェイクニュースにダマされにくくなる」 073
●メリット8「発想力が広くなる」 076
●あなたの「クリティカル・シンキング」レベルを計る7つのチェック項目 080

「ソクラテス式問答法」をマスターしよう

●最強の合理思考トレーニング「ソクラテス式問答法」とは？ 086
●「ソクラテス式問答法」でビジネスが加速した理由 088
●「ソクラテス式問答法」に欠かせない6つのパターン 090

第4章

正しく考える力を養う5つのトレーニング

●ソクラテス式問答法パターン1「明確化の質問」 090
●ソクラテス式問答法パターン2「前提調査の質問」 095
●ソクラテス式問答法パターン3「証拠の質問」 100
●ソクラテス式問答法パターン4「視点の質問」 105
●ソクラテス式問答法パターン5「影響と結果の質問」 110
●ソクラテス式問答法パターン6「疑問の質問」 114
●「ソクラテス式問答法」を身につける2つのトレーニング 118
●クリティカル・シンキングを鍛える5つのトレーニング法 126
●トレーニング1「弁証法的ライティング」 127
●トレーニング2「CAT法」 134
●トレーニング3「CLS法」 140

●トレーニング4「ケーススタディ法」146
●トレーニング5「WOOP＋C」154

第5章 〝悪いヤツら〟にダマされないための8つのクリティカル・シンキング

●1日で江戸時代の1年分と同じデータ量を消費する現代人 162
●ダマされないポイント1「議論を単純化する」163
●ダマされないポイント2「定義の一貫性チェック」165
●ダマされないポイント3「エビデンスの確認」167
●ダマされないポイント4「空・雨・傘による推論のつながりチェック」170
●ダマされないポイント5「ワンウェイチェック」174
●ダマされないポイント6「承諾誘導をはがす」178
●ダマされないポイント7「信憑性チェック」182
●ダマされないポイント8「代替案を探す」192

第6章

頭ひとつ抜けた説得力が手に入る「欠陥論理」の8パターン

● なぜ「欠陥論理」を学ぶだけで説得力が身につくのか？ 198
● 欠陥論理パターン1「矛盾」 200
● 欠陥論理パターン2「偶然」 203
● 欠陥論理パターン3「偽要因」 208
● 欠陥論理パターン4「論点先取」 211
● 欠陥論理パターン5「言い逃れ」 213
● 欠陥論理パターン6「無知の議論」 216
● 欠陥論理パターン7「合成と分割」 218
● 欠陥論理パターン8「第三要素の脱落」 221

第7章

他人を操作できる9つのクリティカル・シンキング

●クリティカル・シンキングで「洗脳」を防ぐ　228
●洗脳テク1「ネーム・コーリング」　230
●洗脳テク2「グラッドワード」　233
●洗脳テク3「トランスファー」　235
●洗脳テク4「偽のアナロジー」　238
●洗脳テク5「テスティモニアル」　241
●洗脳テク6「庶民派アプローチ」　243
●洗脳テク7「カード・スタッキング」　245
●洗脳テク8「バンドワゴン」　247
●洗脳テク9「白黒思考」　250

おわりに　253

参考文献一覧　255

編集協力　鈴木祐／美華（MIFA）
撮影　米山三郎
スタイリング　松野宗和
ヘアメイク　永瀬多壱（Vanités）
イラスト　力石ありか
ブックデザイン　池上幸一

第1章

凡人が天才に勝つ唯一の思考法

「生まれつきの天才」に、努力で勝つのは不可能？

人間には生まれつき備わった能力と、そうでない能力があります。

前者の代表的な例は「ＩＱ」です。

私たちの知性は遺伝の影響が大きく、成年期のＩＱは90％が生まれつきの問題に左右されると考えられています。生まれつきＩＱが高い天才に、後天的なトレーニングで勝つのはかなり難しいわけです。

遺伝の問題は人生のさまざまな側面を左右し、ＩＱ以外にも、数学や音楽などあらゆるジャンルに生まれつきの天才は存在します。

かつてプリンストン大学が、音楽、ゲーム、勉強といった分野から過去の研究データを集め、「練習にはどれぐらい意味があるのか？」というテーマで大規模なメタ分析をおこないました。

メタ分析は過去のデータをまとめて大きな結論を出す手法で、そこで得られた結果はおのずと信頼性が高くなります。

その結果わかったのは、**「練習が能力に与える影響は思ったよりも小さい」**という事実でした。研究チームの計算によると、その分野をマスターするために必要な要素のうち「練習の重要さ」は平均で12％しかありません。さらにジャンルごとの結果をくわしく見てみると、

・ゲーム　26％
・音楽　21％
・勉強　4％
・専門職　1％

などの数値が確認されました。

もちろん、これは**「練習は無意味」といった意味ではなく、「個人が持つスキルの差は練習では説明できない」**ことを示した結論なので誤解しないでください。

練習の重要性が否定されたわけではないものの、遺伝子もふくめて、それ以外に重要な要素

がたくさんあるということです。残酷な真実ではありますが、私たちがどうしても勝てない生まれつきの天才は必ず一定数存在します。

というと、なんだか絶望的な気もしてきますが、**生まれつき知性（ＩＱ）が高い人を、後天的なトレーニングで出し抜く方法**がひとつだけ見つかっているのをご存じでしょうか？

じつは、それが**「クリティカル・シンキング」**なのです。

「クリティカル・シンキング」とは何か？

「クリティカル・シンキング」なる言葉を、本書で初めて聞いた人は多いかもしれません。

「はじめに」でもご紹介しましたが、直訳すると「批判的思考」となり、正しい証拠をもとに合理的な結論を導き出すスキルを意味します。

「批判的」と聞くと、相手を攻撃したり、挑発的な言葉で感情を逆なでしたりといった印象を持つ人もいるでしょう。SNSで見かける議論のように、ひたすらお互いを傷つけ合うタイプのやり取りです。

しかし、実際の「批判的思考」はまったく逆で、大きく2つの考え方で成り立っています。

(1) 目の前の問題に関する証拠と論理の流れを正しく把握し、そこに関わる人たちの感情も適切に解釈する

(2) 自分が考える論理や証拠の集め方に偏りがないかを確かめる

このように、本当の「批判的思考」には、相手の感情を思いやり、自分の知識について謙虚な態度を保つことまでがふくまれます。他人の攻撃やあげあし取りとは、完全に真逆の考え方です。

そもそも「批判」には本来「相手の否定や攻撃」の概念はふくまれず、「批」は事実を比較する行為を指し、「判」はものごとの可否を決めることを意味します。つまり「批判的思考」は、語義的にも正しい「批判」の使い方だと言えるでしょう。

ただし、そうはいっても現代で「批判」はいまいちネガティブなイメージが強いため、本書ではクリティカル・シンキングという用語を採用しました。その点、ご了承ください。

どれだけ知性が高くても、思い込みには勝てない

クリティカル・シンキングによって、生まれつきIQが高い人に勝てるようになるのはなぜでしょうか？　IQが高い人は合理的な思考も得意なように思えますが、そうではないのでしょうか？

答えをひとことでまとめると、こうなります。

「どれだけ知性が高くても、思い込みには勝てない」

人間が「思い込み」に弱い生き物なのは、あなたもよくご存じでしょう。いかなる天才だろ

うが、一時の激情に飲まれて相手を口汚くののしったり、間違った判断をしてしまうケースはよくあります。人間である以上は仕方ない話です。

一例として、トロント大学の研究を紹介しましょう。

実験では約500人の被験者のIQを調べたうえで、以下の文章を読ませました。

「リンダは31歳、独身でとても頭がよく、はっきりとものを言います。大学では哲学を専攻し、人種差別や社会正義の問題に関心を持ち、反核デモに参加していました」

その後、全員に「リンダの現在の職業は次のどちらが正しいと思うか？」と尋ねました。

（1）銀行員

（2）銀行員で、女性解放運動もしている

言わずもがな、合理的な答えは（1）の「銀行員」です。「銀行員」のほうが「銀行員＋女性解放運動」よりも広い概念なので、それだけ正解率は高くなるためです。

ところが、実験では約80％が（2）と答えたうえに、正答率の高さはＩＱの数字とはまったく関係していませんでした。つまり、**ＩＱが高いからといって合理的な答えを出せるわけではなかった**のです。

あなたが「思い込みの罠」に強いかどうかを判断する3つの問題

このような結果が出たのは、「思い込み」のせいです。問題文を読んだ瞬間に、**「リンダは社会問題に熱心だから、女性解放運動にも関わっていると考えるのが自然だろう」**といった思考が生まれ、たいして考えずに答えを返してしまったのです。

高い知性の持ち主でも「思い込み」の罠にハマってしまう現象は、複数の心理実験で確認されています。

試しに次の問題を考えてみてください。

【問題1】

「清掃人が高い建物の窓を拭いていたところ、20メートルのハシゴから足をすべらせてしまい、コンクリートの歩道に叩きつけられました。しかし、奇跡的に彼はケガひとつ負っていませんでした。なぜでしょうか?」

【問題2】

「古代に生まれたもので、いまも使われており、壁の向こう側を透かして見ることができる発明品とはなんでしょうか?」

【問題3】

「ある手品師が言います。『このピンポン玉を投げると、ちょっと進んでから自動的にもどってくるんです。もちろん、壁に当てて反動を利用するわけでもなく、坂を転がすわけでもありませんし、なにか糸がつながっているわけでもありません』。手品師はどのようにピンポン玉をもどすのでしょうか?」

それぞれの答えは次のとおりです。

問題１「ハシゴの１段目から落ちた」
問題２「窓」
問題３「ピンポン玉を上にほうり投げる」

すぐに正しい答えを出せたでしょうか？

これらの問題は、心理学の実験で「思い込みのレベル」を判断するために使われるものです。どれも無意識の「思い込み」をかき立てるように設計されており、知性の高さと正答率にはほとんど関係がないことがわかっています。

逆に**この３問にすぐ答えられた人は「思い込み」の罠から抜け出しやすいタイプ**で

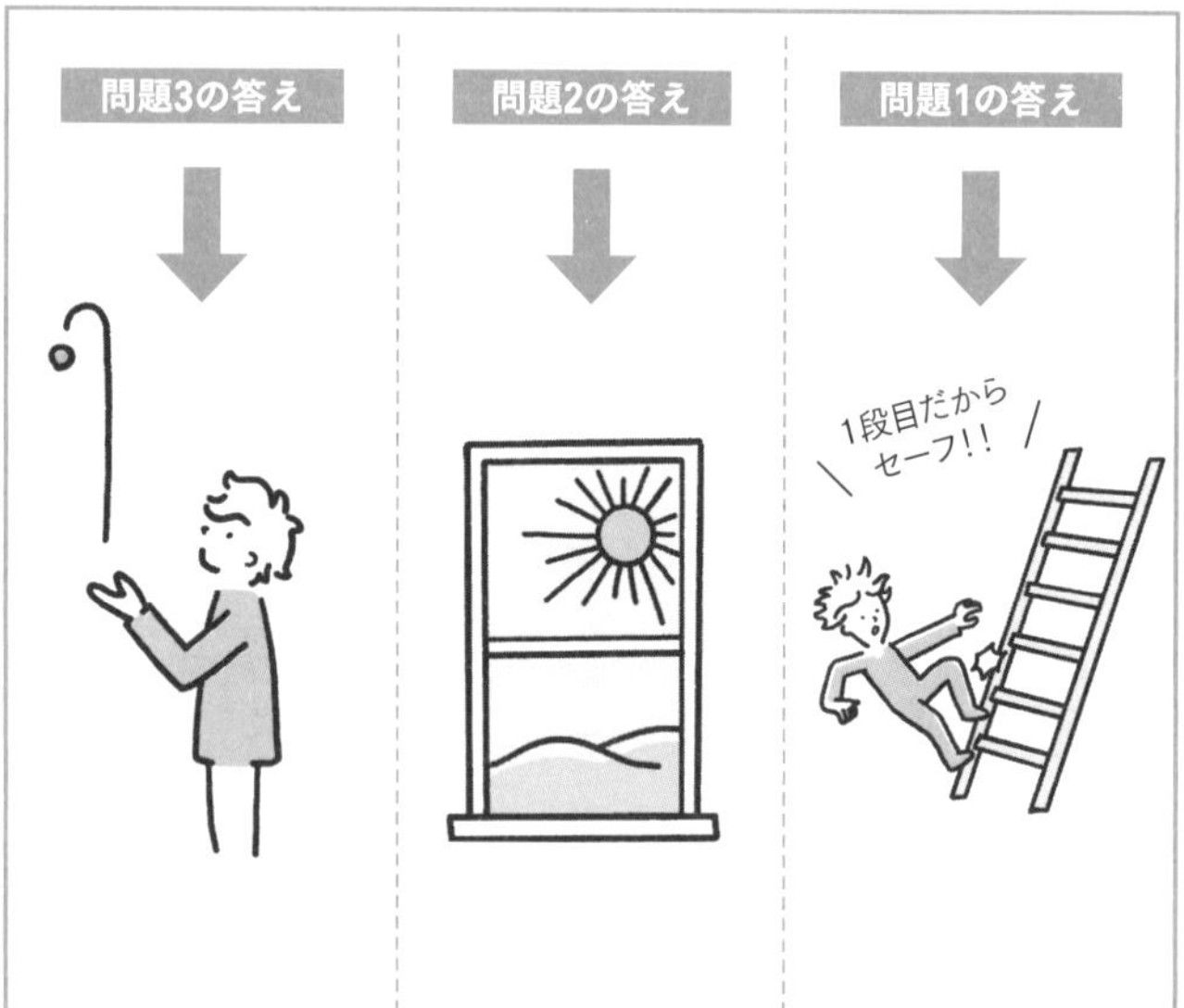

問題1の答え
1段目だから
セーフ!!
問題2の答え
問題3の答え

ありクリティカル・シンキングも得意だろうと推測されます。

生まれつきの天才でも合理思考ができない理由

生まれつき知性が高い人たちでも意外と合理的な思考が苦手なのは、彼らはクリティカル・シンキングを高めるモチベーションが低いからです。

第一に、**生まれつき知性が高い人たちはデータ処理が得意なので、クリティカル・シンキングがなくてもある程度まで人生に成功しやすい**点があります。

ＩＱが高い人は数字への苦手意識が低く、現代のように大量のデータを扱うのが当たり前な環境では大きな力を発揮します。

しかし、**これが逆に足かせとなり、ＩＱが高い人ほどクリティカル・シンキングを鍛えようとしません。**生まれつきの能力でそれなりにやっていけるため、「複数の視点を身につけよう」や「自分の見方に偏りがないか気をつけよう」といった意識が生まれにくいのです。

とはいえ、データ処理のうまさと意思決定のうまさは必ずしも比例しません。

いかに大量の情報を短時間で処理できたとしても、そもそものデータの集め方が間違っていたら正しい結論は出せないからです。

若者向けの商品を売りたいのに、高齢者からアンケートを集めてしまったらどうにもならないように、**正しく意思決定するには、「このデータの出どころは？」や「データの種類は目的に合っているのか？」と客観的に問い直す視点が欠かせません。**

ところがIQが高い人は、意識して客観的な思考を起動させる前に、すぐに目の前のデータ処理に取りかかってしまうことがよくあります。持ち前の能力をすぐに活かそうとするあまり、正確な意思決定から遠ざかってしまうわけです。

これが、後天的なトレーニングでクリティカル・シンキングさえ鍛えれば、知性が高い人たちをも超えられる可能性がある理由です。

人間の不合理さを学ぶだけでも、あなたは合理的になる

合理的な思考がトレーニングで鍛えられることは、過去に何度も実証されています。代表的なのはボストン大学の調査で、研究チームは約２００人の男女に「人間の不合理性を解説した動画」を見るように指示しました。

この動画は、人間がどれぐらい思い込みに弱い生き物かを説明した内容で、

- 「13日の金曜日」に悪いことが続いたせいで、「13日の金曜日は本当に呪われた日なのだ」と信じ込んだ男性の例
- 「他人のラップトップを持って部屋を出た人」を目撃しただけで、その人物を泥棒だと決めつけた男性の例

といった事例をいくつか紹介し、どんな人でも不合理な思考にハマってしまう事実を解説しています。要するに研究チームは、**不合理性について学べば、どんな人でも合理的な思考が可能になるのではないか**と考えたわけです。

2か月後、研究チームが全員に「合理性テスト」をおこなったところ、果たしてすべての被験者は合理的な思考のレベルが改善していました。解説動画をほんの30分見ただけでも、私たちの合理性は高まるようです。

この結果について研究チームは言います。

「正確な意思決定は、ビジネスの世界でも日々の暮らしでも重要な要素だ。トレーニングで合理性が鍛えられれば、世の中に多大なメリットをもたらすだろう」

生まれつきの知性はどうにもならないが、正しい判断を下すための合理的な思考力なら後天的に高められます。これぞ、クリティカル・シンキングを学ぶ最大のメリットなのです。

チキンレースを抜け出し、競争せずに人生を勝つ

私は小さいころからクリティカル・シンキングが好きでした。

もちろん子どものころは「クリティカル・シンキング」なんて知りませんでしたが、いま思えば意識せずに実践していたことに気づきました。

覚えているのは、幼稚園で凧《たこ》をつくったときの体験です。

みんなが先生の指示どおり四角い凧をつくるなか、私は三角形の凧をつくりました。

先生が「四角い凧のほうが安定性は高い」と説明したことに、

「四角のほうがまんべんなく風が当たるけど、上下の安定性は悪いのではないか？」

と疑問を持ったからです。

それならば、三角形の凧に長いしっぽをつけたほうが安定するのでは？

そんな仮説を立てた私は、先生からの注意を無視して三角形の凧を作成したところ、思ったとおり凧は安定して飛びました。

このエピソードで私が言いたいのは、**「クリティカル・シンキングは他人と違う発想をするのに役立つ」**という事実です。

もともとクリティカル・シンキングには「前提が本当に正しいのかどうかを疑う」や「いろいろな視点からものごとを見てみる」という作業がふくまれるため、新しいアイデアが欲しいときにとても役立つのです。

現代社会で生き残るには差別化が命。みんなと同じラインで戦っていたら、レッドオーシャンの波に飲まれるだけで競争には勝てません。大企業のなかで誰より出世したくても、同じ土俵で闘う限りチキンレースが続くばかりでしょう。

競争を避けてビジネスに勝つには他の人と違うことをしなければならず、そのためにもクリティカル・シンキングは欠かせないのです。

クリティカル・シンキングで競争を抜け出せる

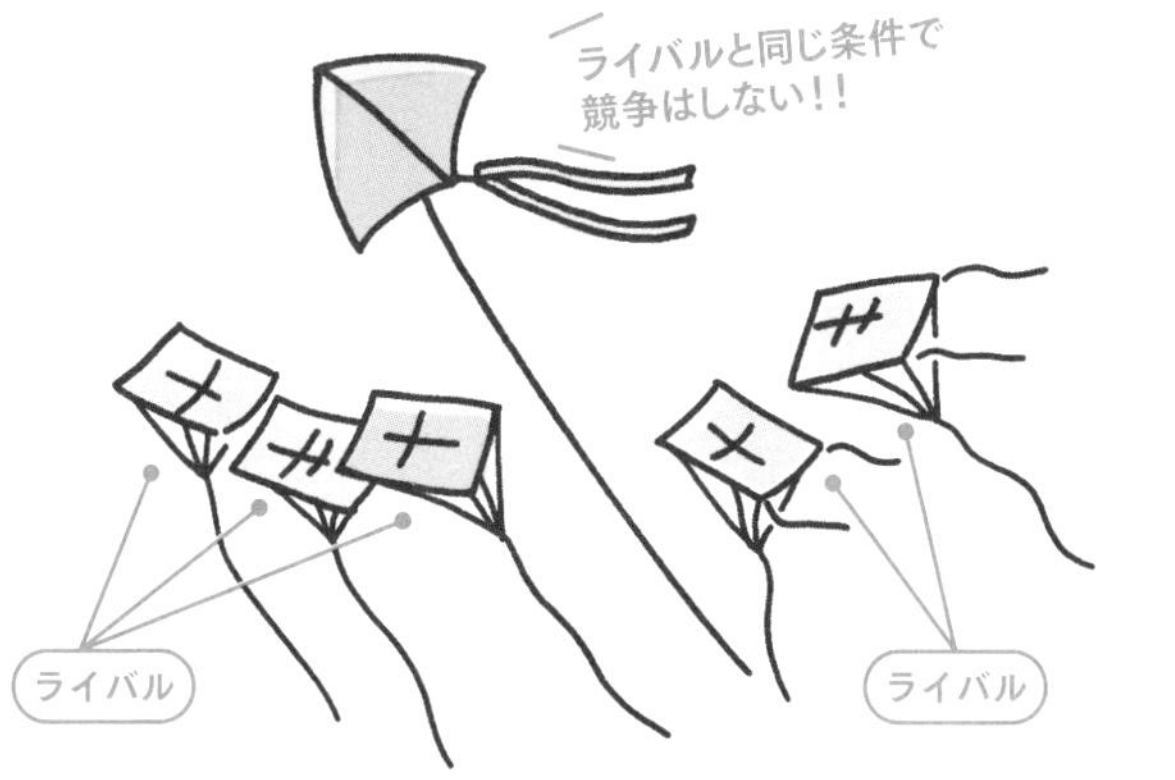
ライバルと同じ条件で
競争はしない!!
ライバル
ライバル

実際、私もいままでの人生では、「いかに競争を避けるか？」を考えながら生きてきました。

芸能界では私より見た目がよくて話もうまいタレントさんはたくさんいるため、正面から戦っても勝ち目はありません。メンタリズムのパフォーマーにしても、自分より高いスキルを持った人は山ほどいます。作家業とて私より売れている人は無数に存在し、勝とうとしても虚《むな》しいだけです。

この問題を解決するには、他人と違う考え方を心がけ、独自性を貫くしかありません。

そのため私はメンタリストとしてテレビに出演しながらも、つねに「本当にいまの状態が正解なのか？」や「もっと別の働き方はないのか？」を自問自答してきました。

いまの私がテレビから身を引き、「ネットで知識を提供する」というビジネスに軸を移せたのも、普段から自分の立ち位置を疑い続けたおかげです。

一番のポイントは、つねに何事も鵜呑《うの》みにせずにすべての前提を疑うことです。

まわりから「これからはA社の株が上がる」と言われても、「本当に上がるのか？」といったん疑ってみる。「いまの時代はDXへの投資が欠かせない」と言われても、「そもそもDXのポイントは？」と掘り下げてみる——。

言われてみれば当然の話ですが、**人間の脳には生まれつき「できるだけ考えずに楽をしたい」というメカニズムが備わっているため、すべての前提を疑ってかかれる人は少数派です。**

しかし、この事実を逆にとらえると、ものごとをすぐ判断せずにクリティカル・シンキングを実践すれば、他人と違う考え方ができるようになるということでもあります。

過酷な競争を避けてあなただけの人生を摑《つか》みとるためにも、ぜひクリティカル・シンキングを身につけましょう。

優秀なクリティカルシンカーがおこなう6つの習慣

思い込みの罠から逃れて視点を増やし、精度の高い証拠をもとに意思決定をおこなう――。

これがクリティカル・シンキングの要点ですが、まだよくわからないという人が多いでしょう。先ほども述べたように、クリティカル・シンキングは人間が生まれ持つ脳の働きに逆らう行為なので、イメージを浮かべにくいところがあります。

果たして、クリティカル・シンキングがうまい人たちは、具体的にどのような思考法を使っているのでしょうか？　特定の問題をどのように考え、正しい意思決定をおこなっているのでしょうか？

2018年に米・ラスムーセン大学が、優れた「クリティカルシンカー」（クリティカル・シンキングが得意な人々）が自然におこなっている6つの習慣をまとめました。

これを参考に、もう少し理解を深めていきましょう。

習慣1「同定」

優れたクリティカルシンカーが自然におこなうひとつめの習慣は「同定」です。

これは**「自分がいまどんな問題と向き合っているか？」を確認する作業**のことで、まさにクリティカル・シンキングの基礎と言えます。

たとえば、近ごろクライアントから「YouTubeで成功するにはどうしたらいいですか？」という質問をよく受けるのですが、このとき私は必ず「まずはベンチマークをしてください」とお伝えしています。なにも考えずにユーチューバーになる前に、動画サイトのトレンドや自分の立ち位置を調査したうえで、「YouTubeで成功するために取り組むべき問題はなにか？」をはっきりさせるためです。

クリティカル・シンキングができない人は、ここでたいていトッププレイヤーの真似をします。はじめしゃちょーさんやHIKAKINさんの企画をそのままおこない、再生回数が上がらない理由がわからずやめていくケースが非常に多いのです。

一方で**クリティカル・シンキングができる人は、成功者の動画をチェックしたうえで、そのまま真似をするのではなく、「この人が成功した理由とは？」や「成功者の類似点は？」と考えを進めていきます。**

このように、最初に問題を「同定」しておかないと、まだ誰も試みたことのない斬新なアイデアには至れません。

習慣2「調査」

2つめの習慣は「調査」です。

自分の議論に説得力を持たせようとして、信頼できないソースから情報を持ち出したり、自分にとって都合がいい情報を集めてしまう人は少なくありません。

参考にする情報のソースを調べるクセをつけ、その根拠のレベルをチェックしていくのが、この習慣のポイントです。

最近の例でいえば、「新型コロナウイルスはうがい薬で死滅する」のような情報が典型的でしょう。新型コロナの不安がはびこる状況では、嘘でもいいからすぐに解決してくれそうな情報に飛びつきたくなるのが人間です。

おおもとの情報がどこから出たのかを意識しないと、自分にとって都合がいい情報だけ集めるようになってしまいます。

この問題を防ぐには、「すごい先生が言っているから」や「有名な人が言っているから」ではなく、その人がいつどこでどんな情報を得たのか、までを掘り下げるしかありません。

コロナ禍で出まわったチェーンメールのように、医療従事者が広めた情報でも安心は禁物で、

「情報源はアカデミックな機関なのか？」

「それともネットに転がっている情報を広めただけなのか？」

などのポイントまで調べていかないと、いつまでも正しい意思決定はできません。

習慣3「バイアスチェック」

バイアスチェックも、クリティカルシンカーの重要な習慣です。

あなたが持つ**「思い込み」をチェックする行為のことで、クリティカル・シンキングにおける最重要ポイントのひとつ**と言えます。

他人の言うことを鵜呑みにしてはいけないのは、誰でもわかっているでしょう。よほど信頼できる人ならまだしも、なんら面識のない人が発信するネットの情報を信じるのは危険すぎる行為です。

しかし、他人の言葉に気をつける人は多くても、「自分の言葉」に疑いを持つ人は驚くほどいません。「自分はメディアにダマされない」や「このアイデアはまだ誰も手をつけてない」といった考えを絶対に正しいと思い込み、まったく疑いをはさまないようなケースは誰にでもあるでしょう。

人間は自分が一番かわいい生き物なので、他人の言葉には厳しい人でも、自分の思い込み

（バイアス）に立ち向かっていけるような人はあまりいません。つまり、私たちは内からも外からも適当な距離を置かねばならないわけです。

習慣4「推論」

「推論」とは、**いまわかっていることから、別の可能性をいろいろと考えてみる行為**を意味します。

習慣2で説明した「調査」の段階で精度が高いデータを手に入れたとしても、そこには一面の真実しか現れていないことはよくあります。ここで**一面の真実だけをもとに結論を出すと、間違った結論にたどりつきかねません。**

たとえば「肉をよく食べる人は寿命が短い」と結論づけたデータがあったとしましょう。このデータをそのままとらえれば、「肉は健康に悪い」と考えるのが普通です。

しかし、ちょっと推論を働かせてみると「いや、肉で寿命が縮むのではなく、肉をよく食べる人は運動不足でタバコの量も多いのではないか？」との可能性に思いいたることもあるでしょう。この段階ではどちらの結論が正しいかは判断できないものの、シンプルに「肉＝不健康」とだけ考えるよりは精度の高い結論にたどりつきやすくなります。

物理の世界では「宙に浮く物体を見ても、落ちてきたものか放り投げたものかはわからない」といった表現をよく使います。これと同じように、**多くの「情報」は特定の瞬間を切り取ったスナップショットでしかなく、そこからどのような変化を起こすのかは推論に頼るしかありません。**

どれだけ精度が高そうなデータでも、それは世界の一面にすぎないという点は、ぜひ押さえておいてください。

習慣5「欲求の確認」

難しい問題を解決するときにありがちなのが、**「そもそも自分にとってなにが大事だったのか？」**を忘れてしまうケースです。

ダイエットのためにお菓子を我慢しはじめたら、やがてお菓子の誘惑に耐えることばかりに気を取られ、ストレスのせいで唐揚げやピザを大量に食べてしまう――。売り上げアップのためにコストカットに手をつけたら、やがて支出の削減ばかりに意識が向かい、最終的な儲けが減ってしまう――。

このように、**手段が目的化したせいで最初の目的を忘れることはよくある**でしょう。

私の失敗をお話しすると、一時期YouTubeで時事ネタを解説していたことがありました。芸能人の不倫や政治の不祥事について、心理学の側面から解説していくような動画です。

時事ネタをはじめたのは、YouTubeの再生回数が、私の運営する有料動画サービスの入会者数と連動していたからです。時事ネタは手軽に再生回数を稼ぎやすいため、YouTubeの動画量を増やすほど有料会員も増えると判断しました。

しかし、そのうちに時事ネタの投稿が目的化し、とにかくYouTubeの再生回数を上げる方向に意識がシフトしました。それと同時に、YouTubeの再生回数が伸びても有料会員が増えない現象が起きはじめたから大変です。

**あわてた私は「そもそも自分はなにがしたかったのか?」を考え直し、すぐに「使える知識

をみんなに届ける」という根本の目標を思い出しました。

そこで、YouTubeの再生回数を気にせずに「知識の提供」に徹したところ、幸いにも有料会員の数は再び増加のトレンドに移行し、あらためて「欲求の確認」の重要性を思い知ったわけです。

この「欲求の確認」は見過ごされがちなスキルですが、クリティカル・シンキングを正しくおこなうには必ず意識しておきたいポイントでしょう。

習慣6「好奇心」

クリティカルシンカーに必要な最後の習慣は「好奇心」です。

いろいろなことに興味が向かないと、幅の広い解決策は生み出せません。

たとえば、新たなマーケティングの手法を考えねばならない状況で、同じ畑の人間にだけ話を聞いたり、似たような分野の専門書ばかり読み漁っても、本当に新しいアイデアは生まれません。斬新な発想を生むためには、いま自分が入っている箱からいったん出なければならないからです。

しかし、好奇心が旺盛なクリティカルシンカーは、特定の枠にとらわれず、あらゆる分野から情報を集めようとします。

同じビジネスの分野だけでなく、映画、小説、古典、物理学など、幅広いジャンルから役に立ちそうなものを手当たりしだいに探し求めるのです。

そのぶん解決までの時間はかかりますが、固まった分野からヒントを探すよりもいいアイデアを思いつく可能性は格段に上がるでしょう。

ただし**残念なことに、私たちは経験を積めば積むほど好奇心が薄れていく傾向があります。**経験が脳内で思考のフレームワークとして働くため、意思決定のスピードが上がったはいいものの、幅広いジャンルから情報を集めようとするモチベーションは下がってしまうのです。

つまり、**クリティカル・シンキングを鍛えるには、意識して好奇心を持ち続ける必要があります。**その具体的な方法は第4章からお伝えしていくので、この時点では、好奇心の重要性にあらためて目を向けていただくだけで構いません。

クリティカルシンカー6つの習慣

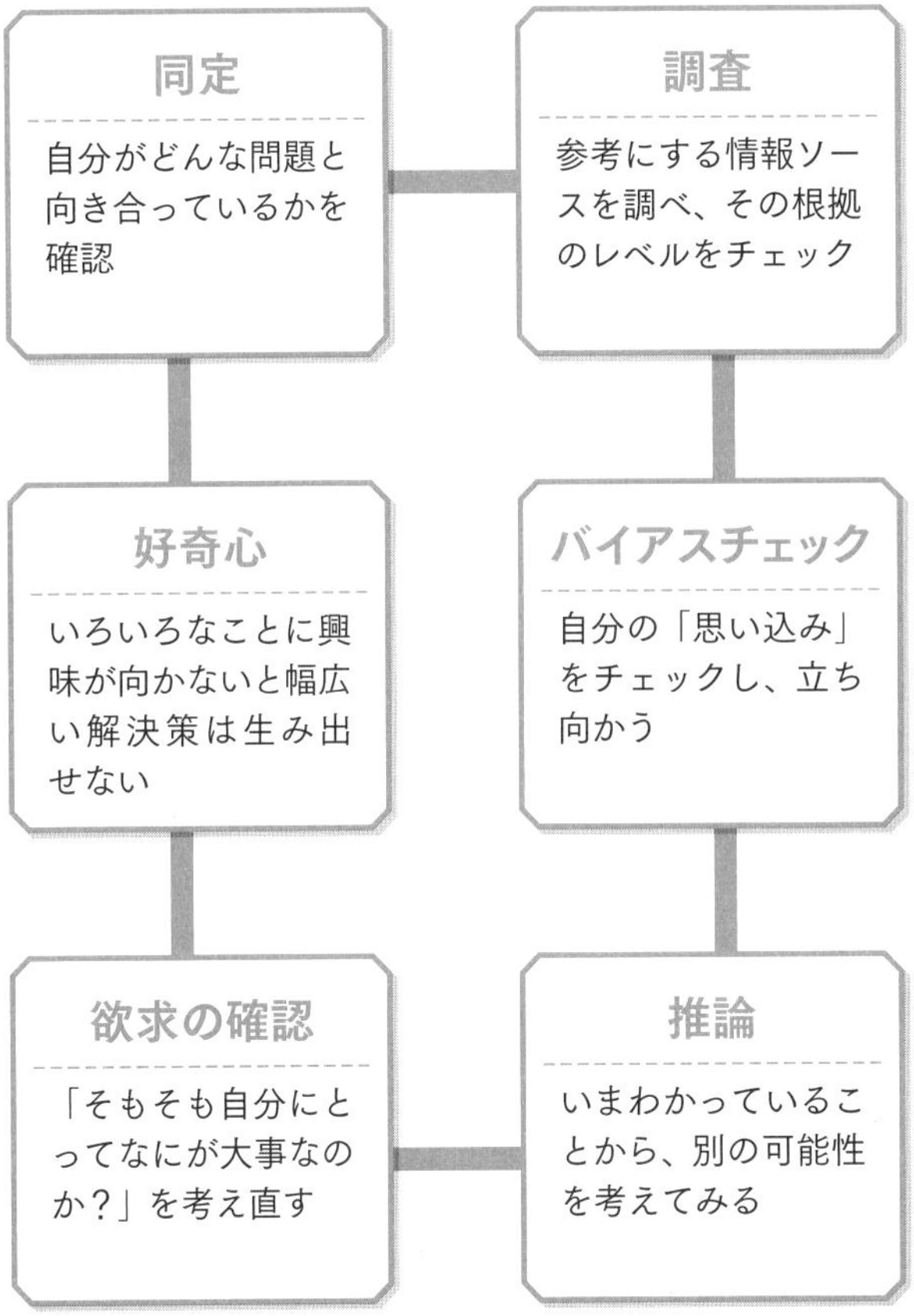
同定
自分がどんな問題と向き合っているかを確認
調査
参考にする情報ソースを調べ、その根拠のレベルをチェック
好奇心
いろいろなことに興味が向かないと幅広い解決策は生み出せない
バイアスチェック
自分の「思い込み」をチェックし、立ち向かう
欲求の確認
「そもそも自分にとってなにが大事なのか？」を考え直す
推論
いまわかっていることから、別の可能性を考えてみる

第2章

クリティカル・シンキングで得られる8つのメリット

クリティカル・シンキングには、あらゆる面でメリットがある

どれだけ生まれつきIQが高い天才でも、人間が持つ「思い込みの罠」からは抜けられず、間違った判断にいたることはめずらしくありません。

私たちの思考には「深いモード」と「浅いモード」の2つがあり、たいていの人は、できるだけ「浅いモード」だけで問題を解こうとするからです。

それゆえに、**クリティカル・シンキングを学んで「深いモード」を操れるようになれば、「思い込みの罠」から抜け出すことも自由自在。**そのぶん高IQの天才を出し抜くのも夢ではなくなります。

これが、第1章で見たクリティカル・シンキングのポイントでした。

あなたの思考を間違った方向に追い込む罠を突破し、合理的でクールな考え方を取りもどさせてくれるのがクリティカル・シンキングの大きなメリットです。

さらに、クリティカル・シンキングで得られる効果は、それだけではありません。**合理的な思考はビジネスのデータ分析に役立つようなイメージが強いかもしれませんが、実際には、プライベートの人間関係を改善したいとき、斬新なアイデアが欲しいとき、ネガティブな気持ちを改善したいときなど、人生のあらゆる側面を改善するパワーを持っている**のです。

この章では、クリティカル・シンキングで得られる、8つのメリットを紹介しましょう。

メリット1
「キャリアの成功に役立つ」

第一に、クリティカル・シンキングにはあなたのキャリアを成功に導くパワーがあります。弁護士、アナリスト、会計士、医師のように分析力が欠かせない職業だけでなく、あらゆる仕事において、クリティカル・シンキングは大きな力を発揮するのです。

カリフォルニア州立大学の研究を見てみましょう。

同大学の心理学者ヘザー・バトラー博士は、19歳から28歳までの成人244名に協力を依頼し、それぞれのIQ、クリティカル・シンキングの能力、そしてライフイベントを調査しました。この研究におけるライフイベントとは「過去の否定的な事件」のことで、「逮捕された」「浮気をした」「多額の借金をした」「交通事故を起こした」などのネガティブな出来事がすべてふくまれます。

すべてのデータを分析し、バトラー博士はこう言っています。

「クリティカル・シンキングの能力が高い人ほど、人生のネガティブな出来事が少ないことがわかった。IQが高い人にも同じ傾向が見られたが、クリティカル・シンキングのほうが結果はいいようだ」

クリティカル・シンキングができる人は、そうでない人にくらべて借金が少なく、仕事でのトラブルも起こさず、対人関係も良好で、人生のキャリアをうまく築いている傾向が大きかったのです。

この結果自体は、驚くようなものではないでしょう。**クリティカル・シンキングは、情報の分析力、問題の解決力、戦略的な計画力といった複数のスキルの集合体**です。どのスキルも、あらゆる仕事に必要なのは間違いありません。

とくに現代は「第四次産業革命」の黎明《れいめい》期です。ＡＩやロボットの普及により「モノやカネ」から「ヒトやデータ」へと価値がシフトしつつある時代では、知識の活用力はもっとも求められるスキルでしょう。

ＦＹＡ（若者の学習改善に取り組む非営利組織）が２０１６年に出したレポートによれば、過去３年で世界中の企業がもっとも求めるようになったスキルのトップは「デジタルリテラシー」で、その伸び率は２１２％。**続く２番手が「クリティカル・シンキング」（伸び率１５８％）**で、そこに「創造性」（伸び率65％）と「プレゼンテーションのスキル」（伸び率65％）が続きます。デジタルリテラシーの重要性はよく耳にしますが、「クリティカル・シンキング」については初耳だった人も多いのではないでしょうか。

また、**世界経済フォーラムによるレポートでも、クリティカル・シンキングは「第四次産業革命に必要な能力トップ10」の２位に入っています**（１位は「複雑な問題を解決する能力」でした）。もちろん未来は誰にも読めませんが、少なからぬ企業がクリティカル・シンキングの重要性に目を向けはじめているのは確かです。

いらぬトラブルに巻き込まれずに豊かなキャリアを築くためにも、クリティカル・シンキングを学んでおいて損はありません。

メリット2
「ものごとを決めるのがうまくなる」

意思決定力の向上も、クリティカル・シンキングの大きなメリットです。

転職をするべきか？　新しい土地に移り住むべきか？　家を買うべきか、それとも賃貸にすべきか？　そんな人生の重要な決断をうまくおこなう手助けをしてくれるのです。

このようなメリットが得られるのは、もともとクリティカル・シンキングには「思い込み」を回避させてくれる働きがあるからです。

ご存じのとおり、私たちがおこなう日々の決断には、つねに脳の「反射」がつきまといます。

よりよい転職先を探したいときに口コミサイトの書き込みに左右されたり、ブログの移住記事だけを見て田舎暮らしを決めてしまったり、メーカーの誇大広告に乗せられて建て売り住宅を買ってしまったりと、深く考えずに直感だけで大事な決断をするのはよくあるでしょう。

もっと身近なところでは、インフルエンサーが勧めたガジェットを反射的に購入したり、ショッピングサイトを眺めていたらいつの間にか不要な衣服や本を買ってしまうような経験もめずらしくありません。どのパターンも、私たちの脳が反射的に反応し、深く考えることなく決断へと導いた結果です。

クリティカル・シンキングは、この反射に待ったをかけます。深く考えずにものごとを決める前に合理思考を働かせ、よりよい決定を可能にしてくれるからです。

クリティカル・シンキングによる意思決定は、だいたい次のステップでおこなわれます。

・ステップ１「特定」
問題の性質を識別し、これを正確に定義する。
（例：「この商品にお金を払うべきかを決める」「転職をすべきかを決める」）

・ステップ2「代替案」

他の解決策がないかどうかを探す。

（例：「そもそもこの商品でできることは、他の商品でも可能なのでは？」「転職よりも先にいまの同僚との人間関係を解決するほうがメリットは大きいのでは？」）

・ステップ3「探究」

代替案を評価するための方法を考える。

（例：「他の商品の情報を探してみよう」「転職した場合と人間関係が改善した場合のメリットとデメリットを比較してみよう」）

・ステップ4「評価行動」

考えた評価法を実践して、代替案にどれぐらいの見込みがあるかを判断する。

・ステップ5「再評価」

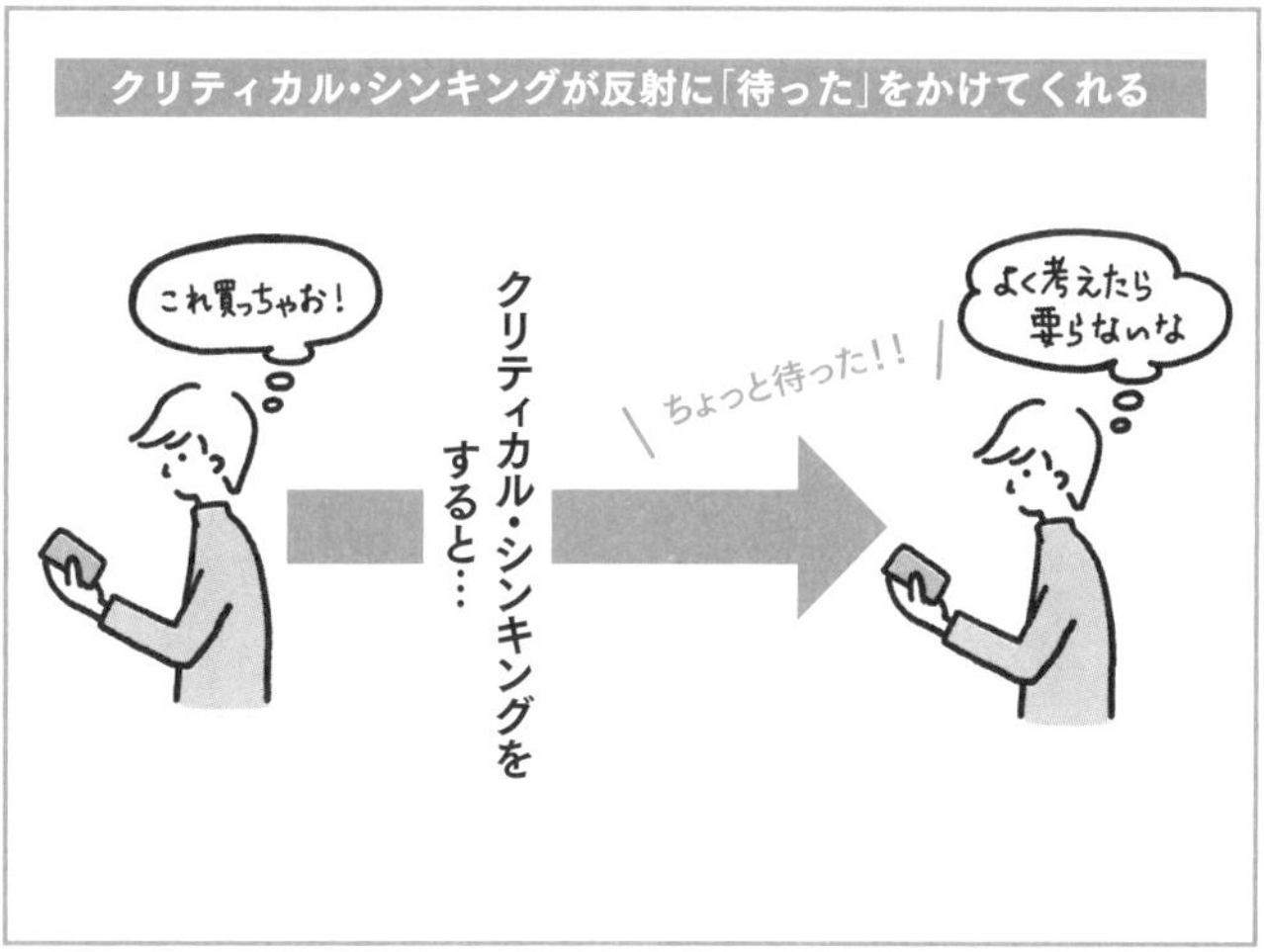
クリティカル・シンキングが反射に「待った」をかけてくれる
これ買っちゃお！
クリティカル・シンキングをすると…
ちょっと待った!!
よく考えたら要らないな

評価行動をもとに、最初に自分が考えていた決断がどれぐらい正しかったかを判断する。

（例：「安い商品でも十分そうだから、最初の商品の購入は控えよう」「同僚とうまくやるのはやはり難しそうだから、他の案も考えてみよう」）

こういったステップをくり返せば、あなたの脳は「深いモード」に切り替わり、反射的な決断から逃れられます。

そもそもクリティカル・シンキングは、情報を集め、データの正しさを分析し、方法論的に評価する作業の集まりです。

いくつかの選択肢から最良の決断に到達するために開発されたプロセスなので、意思決定に役立つのは当たり前でしょう。

ただし、このプロセスは簡単なように見えますが、正しくおこなうのはとても大変なので注意してください。反射的な思考は、あなたの脳の奥底に埋め込まれた基本システムなので、つね日ごろからクリティカル・シンキングを意識しておかないと、またすぐに誤った決断に導かれてしまいます。

人生は決断の連続。正しいクリティカル・シンキングの方法は次章からくわしく説明していくので、ぜひ参考にしてください。

メリット3

「自分をよく理解できるようになる」

「汝自身《なんじ》を知れ」

デルフォイのアポロン神殿に刻まれたこの言葉は、よりよい人生を生きるための指針として、いまも役に立ちます。

フランスの哲学者アランは『幸福論』のなかに「汝自身を知れ」と題した章をもうけ、「一般に誰もが自分には敵があると考えている。だが、そう思いこんでいるだけの話だ」と記し、最大の敵はつねに自分であり、私たち自身の判断ミスや思い込みこそが無駄な苦しみを生むのだ、と指摘しました。

アランの言葉の正しさは科学の世界でも認められつつあり、たとえばライス大学の経営学者であるハヨ・アダムなどは、いくつかの実験をおこなった結果、**自己の理解が深い人ほど仕事で成功する確率が高く、人生の満足度も高い**傾向をあきらかにしています。

これは心理学の世界では**「セルフコンセプト・クラリティ」**と呼ばれる考え方で、「私は人生で何が欲しいかわかっている」や「私はどのように行動すべきかをハッキリと理解している」と心から思える人のことを意味します。**自分の欲望や行動原理をよく理解できている人ほど幸せで、仕事のパフォーマンスも高い**わけです。

しかし、そうは言っても「汝自身を知る」のはとても大変な作業です。

組織心理学者のターシャ・ユーリックは、多数の実験でこの問題を調べ、こう結論づけしています。

「95％の人は『自分のことは自分が一番よくわかっている』と考えるが、実際の理解度は10〜15％のあいだにすぎない。私たちの自己分析能力には欠陥があり、自分のパフォーマンスや能力も正確に把握することができない。リーダーシップの技術、学校の成績、仕事の生産性などを計測するのが苦手なのだ」

私たちにとって「自分」はもっとも身近な存在なので、「自分のことは自分がよくわかっている」と思ってしまいがちです。

ところが実際のデータには大きな違いがあり、多くの人にアンケートをおこなうと、大半は「私は平均より運転がうまい」や「私は平均よりも頭がいい」と答えますし、暴力事件を起こした犯罪者に聞くと、ほとんどが「自分は他人よりも親切で信頼がおける人間だ」と答えました。受け入れがたい話かもしれませんが、**私たちが自分のことを正確に判断できない**のは間違いありません。

そこで、クリティカル・シンキングの出番です。

「私のことは私が一番よくわかっている」という思い込みから抜け出して、自分がどんな人間なのかを見極めるためには、クリティカル・シンキングで脳を「深いモード」に切り替えるしかありません。

たとえば、クリティカル・シンキングでよく使われるツールに、**「What法」**というものがあります。**「なぜ?」ではなく「なに?」で自問を重ねていくテクニックで、思い込みを取り除いて自己理解を深めるのに役立つツール**です。

一例として、あなたが「いまの仕事が嫌でしょうがない」といった問題に悩んでいるとしましょう。そんなときに「なぜ?」で答えを考えていくと、自己の理解は進みづらくなります。

「私は〝なぜ〟この仕事が嫌いなのか?」
↓「いまの上司が嫌いだからだ」
↓「なぜ?」
↓「上司が、人間的に問題があるからだ」
↓「なぜ?」
↓「よくわからないが、生い立ちに問題があるのかもしれない」

もちろん、必ずしもこの事例のように思考が進むとは限りませんが、「なぜ？」を使うことでどんどん発想がネガティブになり、生産的な考え方ができなくなってしまう状況は、誰にでも心当たりがあるのではないでしょうか。「なぜ？」という自問には、ネガティブな感情をかきたててしまう働きがあるのです。

それでは、今度は「なに？」で自問してみましょう。

「私はこの仕事の〝なに〟が嫌いなのか？」

↓「上司との人間関係が悪いところだ」

↓「人間関係の悪さをもたらす原因は〝なに〟か？」

↓「上司の口調がいつも厳しく、私が冷静さを失ってしまうからだ」

↓「上司の口調を正す方法は〝なに〟か？　または私が冷静さを保てる方法は〝なに〟か？」

「なぜ？」を使ったときよりも、思考が前向きな方向に向かいました。

いつもこのようにうまくいくとは言えないものの、**「なぜ？」を使うよりは、格段に前向き**

な思考が生まれやすくなるはずです。

「What法」をさらに進めると、今度は自己分析が深まるようになります。

「私が冷静さを保てる方法は〝なに〟か？」

↓「冷静になる方法を探すには、自分が上司のどんな発言に反応しているかをはっきりさせる必要がありそうだ」

「私が冷静さをもっとも失いやすい発言は〝なに〟か？」

↓「よく考えてみると、自分の作業の遅さを指摘されたときに、我を忘れやすい傾向があるようだ」

「『作業の遅さの指摘』で私が冷静さを失ってしまう事実の裏には〝なに〟があるのか？」

↓「私は自分の作業スピードに大きなプライドを持っているため、その点を否定されるのが嫌なのだろう」

ネガティブな思考にハマらず冷静に思考が進み、最終的には「自分はどのような人間か？」

の輪郭が見えてきました。**「なに？」という質問のおかげで好奇心が生まれ、被害者意識にとらわれずに問題を考えることができた**からです。

同じように、人生の問題はすべて自己分析の素材として使えます。

- **「なぜパートナーとうまくいかないのか？」ではなく「なにがパートナーとの不和につながったのか？」と自問する**
- **「なぜお金がないのか？」ではなく「なにが預金残高の不足につながったのか？」と自問する**
- **「体調が悪いのはなぜか？」ではなく「なにが体調不良を引き起こしたのか」と自問する**

日常の問題に「What法」を使うと、よりよい解決策が浮かぶだけでなく、自分のことをもっと深く理解できるようになります。「日々のトラブルは自己を知るチャンス」と考えて、クリティカル・シンキングを使ってみてください。

メリット4

「未来を予測しやすくなる」

「未来を予測できれば……」と思う人は多いでしょう。

未来の世界がどう変わるのかがわかれば、ビジネスやマーケティングに役立つだけでなく、人生を左右するトラブルへの備えもできます。

しかし、同時に未来の予測がとても難しいのも事実です。

予測力の研究で有名なフィリップ・テトロックによれば、学者、評論家、ジャーナリストなどを集めて3～5年後の経済や未来予想をさせたところ、その精度はコイン投げと同じレベルでしかありませんでした。**未来予測はあまりにも複雑な作業なので、どれだけ優秀な専門家でも、予測が当たる確率はほぼ50%しかなかった**わけです。

なんとも気落ちしそうな結論ですが、一方でテトロックは**「予測力は高めることができる」**

とも断言しています。特定の思考法を身につければ、誰でも未来の予測率を上げられるというのです。

その言葉を裏づけるかのように、テトロックは「グッド・ジャッジメント・プロジェクト」という独自の未来予測チームを組んで、米国IARPA（知能高等研究計画局）が開催した予測大会に参加し、一流大学の研究者やCIAの情報分析官を出し抜く成績を叩き出しました。テトロックのチームは、「金《きん》の相場がどうなるか？」や「政情不安はどう展開するか？」といった難問について、専門家の的中率を30％も上回る予測を出したのです。

テトロックが使った手法は複雑ですが、ざっくりまとめると次のステップでおこなわれます。

（1）問題を分解し、「自分はこの問題についていま、なにを知っているか？　なにを知らないのか？」を判断する

（2）「他にも似たような問題はないか？　その問題とこの問題はなにが違うのか？」を考えて発生確率のベースラインを出す

(3) 他の人の見解や新しい情報などを探し、ベースラインの発生率をアップデートしていく

このように手間のかかるステップを何度もくり返しながら、少しずつ精度を高めていくのがテトロックのやり方です。

問題に関する自分の知識レベルを確認し、そのうえで本当に役立つ情報を探し、新たなデータが加わるたびに結論を修正する——。

お気づきのように、問題の分割や結論の修正などはクリティカル・シンキングの基本テクニックであり、両者の考え方はとても似かよっています。

予測力の向上にショートカットはありませんが、クリティカル・シンキングを身につければ、あなたは以前より確実に未来を予想できるようになるでしょう。

ちなみに、テトロックが採用した手法をくわしく知りたければ、『超予測力』(早川書房刊)を手に取ってください。予測力を高める手法が10の提言にまとめられており、未来予測の理解が格段に上がります。

メリット5

「コミュニケーションがうまくなる」

クリティカル・シンキングは、効果的なコミュニケーションをおこなうためにも役立ちます。そもそも両者には重なるポイントがとても多いからです。

そう言うと、意外に思った人もいるかもしれません。いいコミュニケーションとは、ただ情報を交換するだけの営みではなく、そこには深い感情のやり取りが必要になります。会話中にクリティカル・シンキングを使ったら、論理的な言葉のやり取りがメインになり、ディベートのような議論になってしまう、と思われるかもしれません。

しかし、この心配は大間違い。感情ベースの楽しいコミュニケーションをするためにも、クリティカル・シンキングはおおいに役立ちます。

その理由は2つあります。

ひとつめの理由は、クリティカル・シンキングは、情報が足りない部分に注意を向ける行為だからです。


会話をうまく広げるためには、相手が伝えてくる情報の不備に気づくスキルが欠かせません。

たとえば、初対面の相手と自己紹介をし合う際に、相手が、

「1年前に会社を辞めて、最近フリーで仕事をスタートした」

と言ってきたとしましょう。普通なら、

「どんな仕事をはじめたのですか？」

と尋ねる場面であり、その質問は決して間違いではないのですが、他方では平凡さが否めません。

しかし、クリティカル・シンキングの考え方が身についていると、ここですぐに、

「仕事をはじめるまで1年の空白期間があるけど、そのあいだは何をしていたんだろう？」

といった疑問が浮かびます。

データの不備に気を配るのは、クリティカルシンカーの重要な特性です。

当たり前の会話テクニックに見えるでしょうが、現実のコミュニケーションでは、まったく逆のことをおこなう人を見かけます。一番多いのは「尋問型」と呼ばれるスタイルで、事前に

相手のことを調べておき、いざ会話がスタートすると「1年前に退職されたんですよね？」「趣味はゴルフなんですよね？」などと、ひたすら情報の確認作業に取りかかってしまうパターンです。

これでは相手に「なんだか質問攻めにあっているな……」と感じさせるだけで、話が発展する見込みはありません。ビジネスの世界だけでなく、恋愛でもよく見かける光景でしょう。

ところが、情報の空白に目を向けると、相手にとっても思わぬ質問につながりやすく、話が意外な方向に盛り上がっていくケースがよくあります。これが、クリティカル・シンキングがいい会話に役立つ第一の理由です。

2つめの理由は、クリティカル・シンキングには、あなたを「聞き上手」にする効果がある点です。

「話し上手は聞き上手」といったアドバイスをよく聞きますが、そのためにクリティカル・シンキングが一役買ってくれます。

それもそのはずで、いいクリティカルシンカーは、日ごろから周囲のあらゆる問題に複数の質問をくり返す作業が習慣づいています。おかげで、相手がどのような言葉を投げてきても、いい質問を返すことができるのです。

よく知らない人物との会話中に、相手が、

「私はピラティスが好きなんですよ」

と言ってきたとしましょう。すると、ここで多くの人は、つい、

「へー、なんでピラティスが好きになったんですか？」

といった質問を返すのではないでしょうか？

この質問がダメとは言わないものの、「なぜ？」を問う質問は脳への負荷が高く、相手が口ごもる原因になりやすいのが問題です。自分の趣味について「なぜ好きなんですか？」と言われても、「ああ、いやぁ……好きなものは好きなので……」としか返せない人は少なくないでしょう。

しかし、クリティカル・シンキングが習慣化した人は、ここで自動的に２つの疑問が頭に浮かびます。

・ピラティスについて、自分が知っていることと、知らないことはなにか？
・ピラティスに関する知識を引き出すには、どのような問いが最適か？

これらの質問は、どちらもクリティカル・シンキングのトレーニングで日常的に使われるものです。「未来予測」の項（61ページ）でも見たように、自分の知識の限界を見定めるのは合理的な思考の第一歩ですし、つねに最適な問いを探す行為もクリティカル・シンキングの基本です。

2つの質問を押さえると、「ピラティスが趣味」という話題には、次のような展開が考えられるでしょう。

展開1「ピラティスが好きなんですよ」

↓「ピラティスはヨガに近いようなイメージがありますね。違うポイントはなんですか？」

↓「そうですね、まず運動の目的が違いまして……」

展開2「ピラティスが好きなんですよ」

↓「ピラティスがお好きなんですね。ピラティスをするには、なにが必要なんですか？」

↓「ほとんど必要ないですよ。自宅でネットの動画を見ながらもできますし」

クリティカル・シンキングは会話にも効く！
クリティカル・シンキング
情報が足りない部分に注意を向ける
あなたを「聞き上手」にする
コミュニケーションがうまくなる!!

ひとつめは「自分が知らないこと」をベースに会話を展開させた例で、２つめは「最適な問い」をベースにした例です。

どちらも相手の思考への負荷が低いため、よりスムーズに会話が進みます。

また、後者の会話については57ページで見た「What法」を使っているところにも注目です。

かようにクリティカル・シンキングはあなたの会話力を高めるパワーを持ちます。

クリティカル・シンキングにおける「最適な問いの立て方」は、次の章からさらにくわしく説明するので、参考にしてください。

メリット6

「嫌な気分を軽くしてくれる」

批判的思考と気分の改善にはなんの関係もなさそうですが、クリティカル・シンキングには、意外にもネガティブな気持ちを軽くするメリットもあります。

オハイオ州立大学が、うつ病の傾向がある男女55人を集めて「ソクラテス式問答法」を実践させる実験をおこなったことがあります。

「ソクラテス式問答法」は、古代ギリシアの哲学者ソクラテスにちなんで名づけられた批判的思考のテクニックです。相手に質問をしながら思考を深めていくのが特徴で、たとえば「理由はわからないけど悲しい」という人がいたときは、

「悲しいときには、身体にどんな感覚がありますか？」
「悲しさを感じたとき、どのように対処しますか？」

「悲しいときには、頭にどんなことが思い浮かびますか？」

といった疑問を投げかけていきます。

こちらの意見はなにも表明せず、質問のくり返しで相手のなかに批判的思考を芽生えさせ、自然と答えに気づいてもらうのが最大のポイントです。さらにくわしい内容は第3章から取り上げますが、クリティカル・シンキングの世界では「基本中の基本」と呼ばれ、欧米ではビジネスの世界でも広く使われています。

このオハイオ州立大学の実験がおもしろいのは、「ソクラテス式問答法」を自分自身に使ってみるように指示したところです。具体的には、実験の参加者が「離婚のせいで私の人生は大失敗だ……」と悩んでいた場合は、次のような質問を自分に投げかけさせました。

「離婚した人はみんな、人生に失敗したと言えるだろうか？」
「知り合いのなかに、離婚しても幸福に暮らしている人はいないだろうか？」
「離婚と失敗のイメージは、自分のなかでどのように結びついているだろうか？」

「自分の人生でなにかに成功した体験はないだろうか？　それは、私の人生が大失敗でない証拠にはならないだろうか？」

すると、**16週間のトレーニングで参加者のメンタルは大きく改善し、抑うつの評価尺度が1・51ポイント下がりました。**自分にいくつかの質問を投げてみただけにしては、十分に意味がある数字です。

この結果について、研究者はこう言っています。

「患者たちは、自分自身に質問を投げかけることで、ネガティブな思考に疑いを持つようになった。『ソクラテス式問答法』は、自分たちのネガティブ思考が論理的に正しいのかどうかを考えさせ、もっと現実的で幅広い視点を得るためのツールとして使える」

当たり前ですが、離婚したからといって誰もが不幸になるわけでもなく、悪い相手から解放されて人生が好転するケースだってあるでしょう。どのような人でも、過去には仕事で大きなプロジェクトを成し遂げたり、他人からほめられたような体験もあるはずです。

しかし、いったんネガティブな気持ちにとらわれてしまうと、「離婚は人生の失敗だ」といった思考から意識を離せなくなり、どんどん気持ちが沈んでいきます。まさに「思い込みの罠」です。

そんなときに**「ソクラテス式問答法」を使うと、「離婚は必ずしも不幸ではない」という合理的な考え方にたどりつきやすくなり、ネガティブ思考から解き放たれる確率が上がります。**その結果、メンタルが改善するわけです。

要するに、気分が沈んだときにもクリティカル・シンキングの効果は絶大。ネガティブ思考の罠にハマりやすい人は、次章からの「ソクラテス式問答法」を訓練してみるといいでしょう。

メリット7

「フェイクニュースにダマされにくくなる」

いまもっとも悩ましい社会問題のひとつが「フェイクニュース」です。名前のとおり「嘘のニュース」を意味する言葉で、ネットやテレビなどで広まる誤情報やプロパガンダを指します。

2016年に熊本地震が起きた際に、「動物園からライオンが逃げた」との情報が写真つきで拡散されたのが典型的な例です。過去にヨハネスブルグで起きた事件の写真を使ったデマでしたが、熊本市動植物園には、情報を信じた人たちから100件を超す問い合わせが殺到する騒ぎになりました。

近年では、新型コロナの感染が拡大したあとに「トイレットペーパーが足りなくなる」とのデマが広がり、各地のドラッグストアで売り切れが続出。すると、その直後から「トイレットペーパーのデマを流した人物を特定した」との新しいデマが流れ、疑われた人物がネット上で袋叩きになりました。

マサチューセッツ工科大学がTwitterを調べた研究によれば、正確な事実が1000人以上に拡散することはほとんどないのに対し、フェイクニュースは多いときで10万人レベルまで拡散するケースがめずらしくないのだとか。つまり、**フェイクニュースは事実よりも拡散力が100倍も強い**わけです。

もちろんTwitterやFacebookも対策を講じてはいますが、目立った効果は得られていません。フェイクニュースから身を守るには、いまのところ自衛に努めるしかないのです。

その点で、**クリティカル・シンキングがフェイクニュース対策に効く**のは理解しやすいでしょう。そもそもクリティカル・シンキングは感情的な反応を避けて合理的な思考をうながす技法の総称ですから、脊髄反射で情報を鵜呑みにせずに、誤情報を避けるうえで役立つのは当たり前です。

クリティカル・シンキングの効果は研究でも示されており、なかでもフィンランドのトゥルク大学の事例が有名です。

これはフィンランドの学校で実施されているクリティカル・シンキングの授業の効果を確かめたもので、講座を受けた学生とそれ以外の学生で、合理的な思考力がどれぐらい上がったかを調べています。

実験で学生たちに出た問題は、次のようなものでした。

- 気候変動に関する2つの情報を見て、どちらがより信頼性が高いかを判断する（情報のうちひとつはスポンサーつきコンテンツで、もうひとつは従来型のニュース）
- 「福島の原発事故直後に周辺の植物が異変を起こした」といったネットのウソ投稿を見て、

どれぐらい確かな証拠にもとづく情報なのかを判断する

実験の結果は明白で、**クリティカル・シンキングの授業を受けた学生ほど情報の精度を高く判断でき、フェイクニュースからも距離を置ける**ようになっていました。

人間は感情的な生き物なので、誰でもフェイクニュースに惑わされることはあります。しかし、クリティカル・シンキングを習慣にしておけば、ダマされる確率は確実に減るはずです。

メリット8

「発想力が広くなる」

一般的に、合理的な思考と発想力は水と油のようなイメージがあるでしょう。

数字と論理を駆使して問題を解決していく頭の使い方と、ひらめきや直感を生み出す頭の使い方はまったく逆のように見えます。

この考え方には一理あり、合理的に思考している最中は発想力が下がることを示した研究も存在します。

合理的思考では問題の因果関係をきっちり追い詰めていくのに対して、斬新なアイデアを出すためには、こまかい理屈を考えずにものごとを幅広くとらえねばならないからです。

しかし、ことクリティカル・シンキングについては話が別で、いいアイデアを生み出す効果があることがわかっています。

マラン州立大学の実験では、小論文テストなどで学生のクリティカル・シンキングのスキルと創造性の2つを測定したところ、両者には大きな相関が見られました。

クリティカル・シンキングがうまい人ほど、オリジナリティが高いアイデアを思いつき、柔軟な考え方ができる傾向があったのです。

不思議な現象のように思われるかもしれませんが、考えてみれば当たり前です。クリティカル・シンキングには論理や合理性といった要素が欠かせないのと同時に、「前提を疑う」というポイントもふくまれます。見過ごしやすい前提を見抜かない限り、正しくものごとを考えることはできません。

一例として、次のクイズについて考えてみてください。

「75㎜×125㎜のカードがあります。このカードを切って穴をつくり、自分の頭を通すにはどうすればいいでしょうか?」

答えは、**「カードを渦巻き状に切る」**です。

カードの内側を、らせんを描くように切れば、やがて大きな輪っかができあがり、頭を通せるようになります。

「カードを切って穴をつくれ」と言われると、多くの人は反射的にカードの中央をくり貫《ぬ》いた状態を思い浮かべてしまいます。

この問題を解くには、「カードにひとつだけ穴を開ける」という前提を意識したうえで、それ以外の解決策を探さねばなりません。

もうひとつ、別のクイズも見てみましょう。

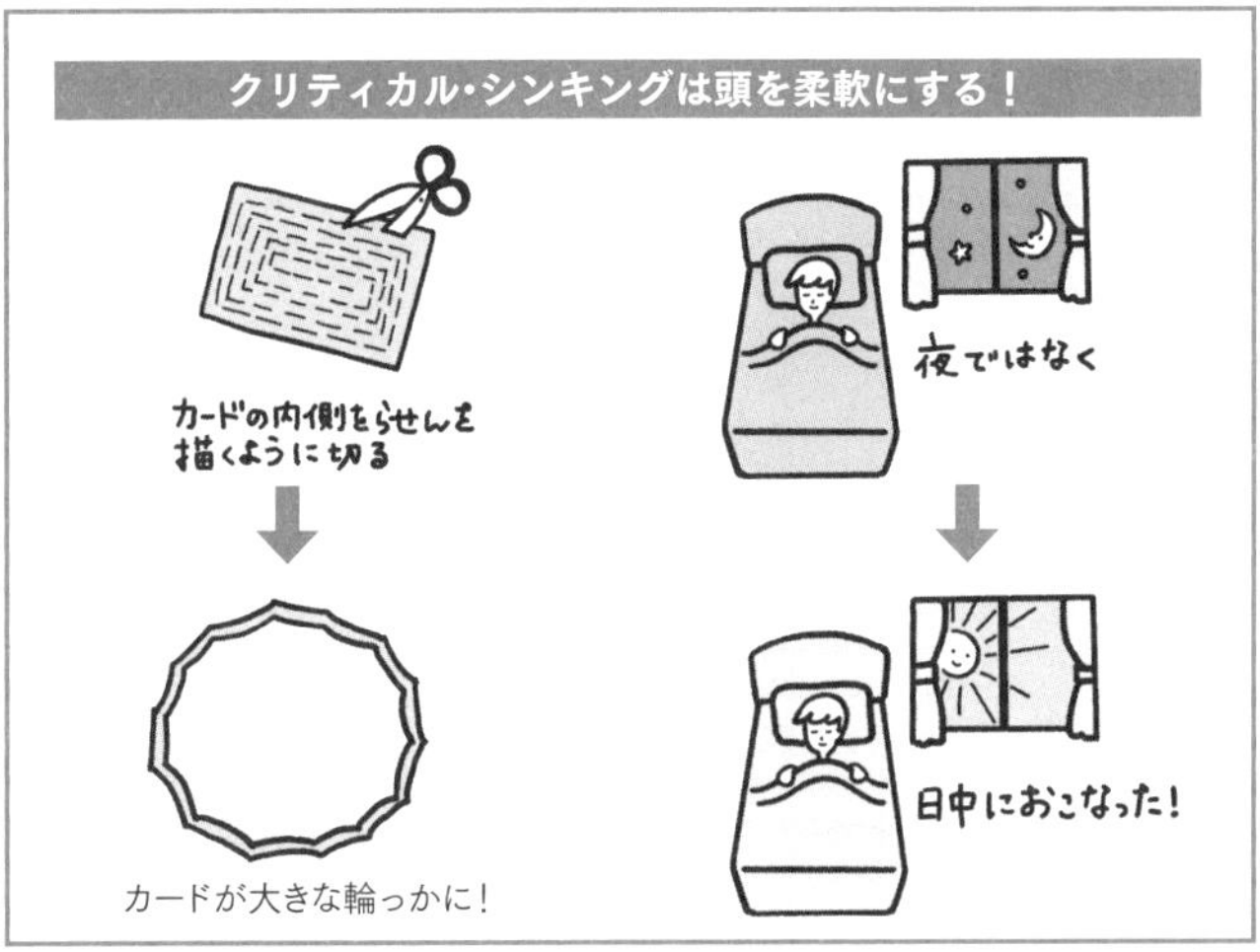
クリティカル・シンキングは頭を柔軟にする！
カードの内側をらせんを
描くように切る
カードが大きな輪っかに！
夜ではなく
日中におこなった！

「フラッシュという名の伝説のランナーがいます。周囲の噂では『彼は光より速く動けるので、部屋の照明のスイッチをオフにしたあと、まだ部屋が明るいにもかかわらずベッドに横たわることができる』と言われていました。

そして、ある日、彼はその噂どおりの行為を実際にやってのけたのです。しかし、もちろん彼は光より速く動くことはできません。彼はいったいどうやったのでしょうか？」

答えは、**「日中におこなった」**です。

じつに拍子抜けな答えですが、「部屋の照明のスイッチをオフにするのだから夜間のできごとに違いない」という無意識の前提に気づくのは意外と大変でしょう。

このポイントに気づかないと、「別の照明を使った？」や「ベッドに寝ながら明かりを消した？」などの複雑な答えに意識が向かい、いつまでも正解にはたどりつけません。

このように、**誰もが常識だと思うようなことに疑問を抱かねばならないのは、いいアイデアを出すときの思考回路と同じ**です。この意味で、クリティカル・シンキングは発想力も高めてくれるのです。

あなたの「クリティカル・シンキング」レベルを計る7つのチェック項目

ここまで見てきたように、クリティカル・シンキングには数多くのメリットがあります。

意思決定やコミュニケーション力だけでなく、発想力やメンタルまで強化してくれるのだから、人生を変え得るスキルといっても過言ではありません。

次の章からはいよいよクリティカル・シンキングの実践法に移りますが、その前に簡単なセルフチェックをしてみましょう。

現時点であなたがどれぐらいクリティカル・シンキングを実践できているかを摑み、実践に入りやすくするためのステップです。

チェックのために使うのは英国リーズ大学が開発したテストで、クリティカル・シンキングに欠かせない７つの能力を調べるために使われます。

次のそれぞれの文章を読んで、**「いつも当てはまる」「ときどき当てはまる」「当てはまらない」**のいずれかを自分で選んでみてください。

①　どんな主張も、信じる前に、それを支持する証拠を探す
②　つねに異なる視点から問題を考えている
③　他人の意見に反論するときでも、自信を持って自分の主張を述べられる
④　すでに知っていることでも、積極的に間違っている可能性を探している
⑤　自分の意見は、個人的な経験や感情よりも証拠に左右される

⑥ なにか確信を持てないことがあれば、もっと調べる

⑦ 特定のトピックに関する知識を増やすために、どこを探せば信頼できる情報が手に入るかを理解している

このチェックリストは「『いつも当てはまる』が何個あれば合格！」のような基準は存在せず、**最終的には、すべての項目に「いつも当てはまる！」と自信を持って答えられるようになるのが目標**です。

次章からお伝えするトレーニングを実践しながら定期的にチェックをおこない、「自分にはまだこのスキルが足りないのだな……」や「この要素を伸ばすように心がけないと」といった感覚で、訓練の指標にしていただければ幸いです。

クリティカル・シンキング8つのメリット

1 キャリアの成功に役立つ

2 ものごとを決めるのがうまくなる

Aが正解だ!

3 自分をよく理解できるようになる

自分は～で
～という人間だ

4 未来を予測しやすくなる

未来はこうなるはず!
未来

5 コミュニケーションがうまくなる

6 嫌な気分を軽くしてくれる

I can fly!

7 フェイクニュースにダマされにくくなる

UFO?
これは
フェイク
ニュースだ

8 発想力が広くなる

ひらめいた!

第3章

「ソクラテス式問答法」をマスターしよう

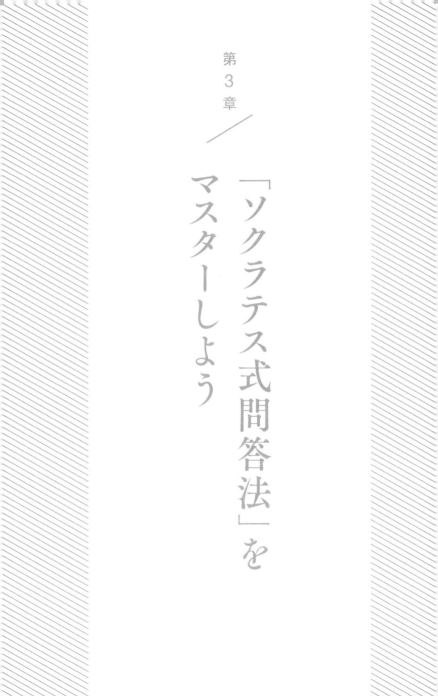

最強の合理思考トレーニング「ソクラテス式問答法」とは？

本章から、いよいよクリティカル・シンキングの実践編です。

合理的な思考を身につけ、人生をいい方向に変える具体的なお手伝いをしていきます。

クリティカル・シンキングを鍛えるトレーニング法は無数に存在しますが、なかでもとっつきやすいのが**「ソクラテス式問答法」**です。古代ギリシアの賢者ソクラテスが弟子を鍛えるために使っていた技法で、第2章でも見たように、本来は相手にいくつかの質問を投げかける形で使います。

たとえば、友人から「運動をしたいけど時間がないんだよね……」といった相談を受けたときは、次のような質問を投げかけます。

自分「時間がないというのは、どこまで本当なの？」
友人「夜まで仕事をしているし、帰ったら疲れきってるしねぇ」
自分「それは大変だね。でも、もし時間があったらどんな運動をしたいの？」
友人「そうだなぁ。ランニングとかジムにも行ってみたいかなぁ」
自分「そもそも運動をしたいと思った理由ってなんだっけ？」
友人「運動で体力をつけて、もっとスピーディに仕事をしたいんだよ」
自分「体力をつけるために、ランニングとかジム以外にできることはないかな？」
友人「そういえば、会社の階段を使うとか、いつもより手前の駅で降りて歩くみたいなやり方もよく聞くね」

ご覧のように、**あくまで自分から具体的なアドバイスはせず、相手が自然と解決策を思いつくように導くのが「ソクラテス式問答法」の一番の特徴**です。いくつかの質問を重ねることで問題の理解が深まり、よりよい結論を思いつきやすくなるわけです。

クリティカル・シンキングを鍛えるトレーニングでは、この「ソクラテス式問答法」を自分に向かって使います。なんらかの問題が起きたら、独り言を話すかのように自問自答をくり返し、少しずつ視野を広げていくのです。

「ソクラテス式問答法」でビジネスが加速した理由

私も日ごろから「ソクラテス式問答法」を愛用しています。

最近の例で言えば、近ごろ立ち上げた「Dラボ」という会員制コミュニティがあります。私がさまざまな知識を語った動画が見放題になるサブスクリプション型サービスで、ここで「いかに会員数を増やすか？」を考える際に、「ソクラテス式問答法」がとても役に立ちました。

具体的には、次のような自問自答をおこなったのです。

DaiGo「会員数を増やすにはYouTubeでコラボをしたらいいのではないか」

ソクラテス「コラボをしたら会員数が増えると思う理由はなんだ？」

DaiGo「いままで会員数がもっとも伸びたのは、YouTubeでカジサックさんとコラボをしたときだった。YouTubeのコラボは露出を増やす定番の手法なので、今回も使えるのではないか？　と仮説を立てた」

ソクラテス「会員数が増えるのは本当にYouTubeだけなのか？　動画視聴者の絶対数と比例して、サブスクリプションの登録者も増えるものなのか？」

DaiGo「コラボ自体あまりやったことがないのでわからない。確かに、会員数が大幅に増えることもあるが、比例して倍になるほどの増加率ではない」

ソクラテス「だとしたら、そこにはなんの違いがあるのか？」

このように自分のなかの小さなソクラテスと対話を進めていくと、なんらかの答えが少しずつ見えてきます。

ソクラテスが**「根拠は？　理由は？　他のやり方は？」と疑問を投げてくるのをひたすら打ち返すのが「ソクラテス式問答法」の重要なポイント**です。

「ソクラテス式問答法」に欠かせない6つのパターン

「ソクラテス式問答法」は大きく6つのパターンで構成され、すべてを覚えるのはさほど難しくありません。最初のうちは「ソクラテス式問答法」の質問集（124ページにひとまとめにしてあります）を見ながら自問自答のトレーニングをおこない、慣れてきたらメモを読まなくても自動的に質問が思い浮かぶところまで持っていきましょう。

「ソクラテス式問答法」に欠かせない6つのパターンは、次のようになります。

ソクラテス式問答法パターン1

「明確化の質問」

ひとつめは、**問題を「明確化」するためにおこなう質問**です。特定の発言がおこなわれた理由を探ったり、ある情報が現在の問題にどう関わるのかを探すために使います。

具体的には、次のような質問がよく使われます。


「〇〇〇とはどのような意味ですか？」

「別の方法で説明するとどうなりますか？」

「その本質やメインの問題はなんだと思いますか？」

「なにか具体的な例をあげられますか？」

「そのポイントをさらに広げることはできますか？」

「その問題の具体的なゴールはなんですか？」


そもそもの問題がぼんやりしていたら、具体的な解決策など考えようがありません。問題を別の角度から説明できないか？　具体的な事例とはどのようなものか？　このような意識がないと、どこから解決の糸口を探すべきかすら、判断がつかないでしょう。

私の例だと、脳内の小ソクラテスに「会員制サービスのメンバーを20万人に増やしたい」と言ったら、

「具体的にどんな方法で20万人を目指すのか？」

「いまの増加ペースだと達成までどのくらいの時間がかかるか？」

「ペースを加速させるためにできそうな具体的な例は？」

などの質問を返されました。これが「明確化の質問」の代表的な例です。

「明確化」にはいいアイデアを生む効果も

このタイプの質問はいいアイデアを生むのにも有効で、私の場合は、かつて「ニコ生」の会員数を10万人に増やそうとしたときにとても役立ちました。

いつものように小ソクラテスへ「1年で会員を10万人にしたい」と持ちかけたところ、「どのような方法を使えば、その壁を突破できると思うか？」と返されたので、とっさに「YouTubeで1日に2〜3回放送すればいいかもしれない」と答えたのです。

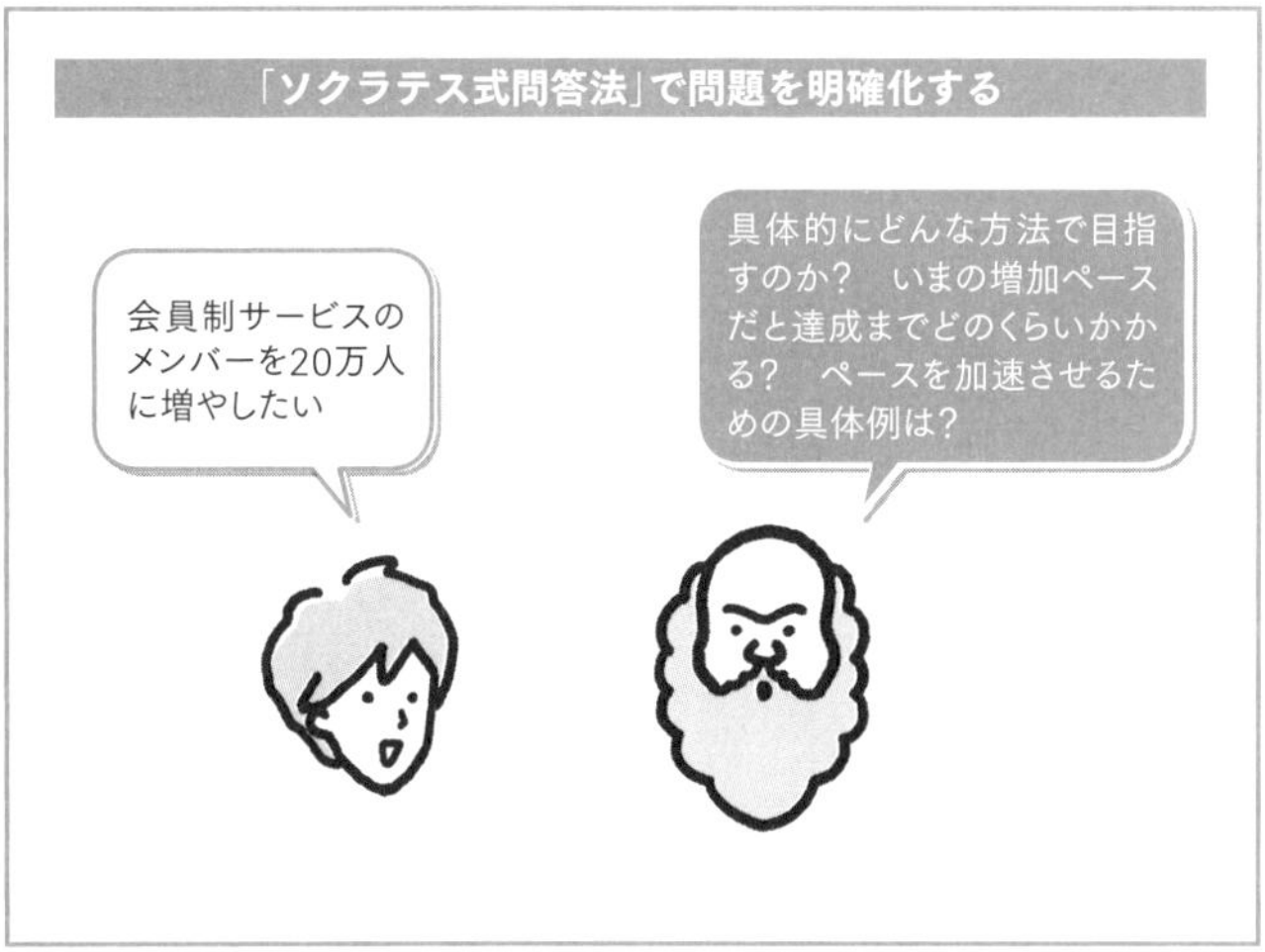
「ソクラテス式問答法」で問題を明確化する
会員制サービスのメンバーを20万人に増やしたい
具体的にどんな方法で目指すのか？　いまの増加ペースだと達成までどのくらいかかる？　ペースを加速させるための具体例は？

昔は有料動画の前半部をYouTubeで出していたけれど、それをやめて、ニコ生はニコ生、YouTubeはYouTubeでオリジナルの放送をはじめたほうがいいのではないか？　そのほうが視聴者も情報を噛みくだきやすく、有料会員の増加にもつながるのではないだろうか？　小ソクラテスの質問のおかげで、そんな仮説が生まれたわけです。

果たしてこの方法は大正解で、YouTubeのオリジナル放送を増やしたあとから、多いときは1か月で1万8000人もの新規会員の獲得につながりました。個人的にも「明確化の質問」のすごさを実感した場面です。

「明確化の質問」はビジネス以外にも有効で、たとえばあなたが「いい年なのに彼女がいない、もう人生終わりだ」といったプライベートの問題を抱えているとしましょう。

こんなときには、

「彼女がいないと終わりだと考えられる具体的な理由とはなんだろうか?」

「実際に彼女をつくるために、どんな努力をしているのだろうか?」

「彼女をつくるために役立った努力、役に立たなかった努力、役に立ちそうだった努力にはどんなものがあるだろうか?」


といったように悩みの性質を具体的に掘り下げましょう。

このくり返しにより「彼女がいない=人生終わり」という凝り固まった考えから抜け出し、より冷静に対策や課題を探れるようになるのです。

ソクラテス式問答法パターン２

「前提調査の質問」

次は、問題の「前提」を深掘りするために使う質問です。

クリティカル・シンキングの根幹をなす質問なので、６つのパターンのなかでも重点的にトレーニングをおこなってください。

まずは質問の基本文型を見てみましょう。

【基本文型「初期設定」】

「この問題はどの点が重要なのですか？」

「この問題を解決するのは簡単ですか？　難しいですか？　その理由はなんですか？」

「そのように考えた理由はなんですか？」

「この問題の前提はなんでしょうか？　見落としている点はありませんか？」

「この問題は、なにか他の重要な問題と関係がありますか?」


【基本文型「仮定」】

「○○で仮定されていることはなんでしょうか?」

「いまの答えの代わりにどんなことを仮定できますか?」

「あなたは○○を前提にしているようですが、合っていますか?」

「私はあなたの意見を正しく理解できていますか?」


このように、**自分がいま抱えている問題について、「どのような前提があり得るだろうか?」や「その前提を、どのように検証（または否定）できるだろうか?」と掘り下げるのが大きなポイント**です。

私がテレビ出演をやめた理由

情報の「前提」は、いくら認識しても、しすぎることはありません。前提が変わると情報の意味が根本から変わってしまうからです。

私のケースだと、**ある時期からテレビ出演をやめたのは、この「前提調査の質問」を使ったのが大きな要因**でした。

まだテレビによく出ていたころ、ほとんど休みを取れないうえに、どの番組でも同じようなパフォーマンスを演じなければならない状況に私は苦痛を覚えていました。なによりも自由を大事にするタイプの人間なので、1日に何時間も拘束されてしまう仕事が、嫌で仕方なかったのです。

ただし、当時は業界内で「テレビやメディアに出続けないと仕事がなくなる」のような言説がまことしやかにささやかれ、私もその言葉を鵜呑みにした人間のひとり。メディアへの露出を増やし続けるのが至上の価値であり、そこに疑いをはさもうともしませんでした。

そんなある日、私はふと「前提調査の質問」を使ってみました。

「自由に仕事ができない問題の前提はなんだろう？」と自分に問いを投げてみたのです。

すると、すぐに「テレビに出ないと仕事が来ないかもしれない」という前提を持っていたことに気づいたので、「そのように考えた理由はなにか？」「『テレビに出ない＝仕事が来ない』の図式で仮定されていることはなにか？」と自問を重ねました。

その結果たどりついたのは、「『テレビに出ない＝仕事が来ない』と主張する人は、テレビ業界にしかいない」という事実でした。

すべてがそうだとは言わないものの、メディアで働く人間は同じ場所で成功体験を積み重ねたケースが多く、そのせいで他の業界の成功モデルを知りません。となれば、自分がいる世界だけを基準に、「テレビやメディアに出続けないと仕事がなくなる」と主張するのは当然でしょう。こうして、テレビの仕事が嫌いな人間でも、いよいよテレビから抜けられなくなっていくわけです。

人生に行き詰まったら「前提」を疑ってみよう

この前提に気づいた私は、**続けて「テレビに出なくても仕事ができる人の特徴は？」「テレビに出ずとも仕事を手にできる状況設定はないか？」と自問自答を続行。**

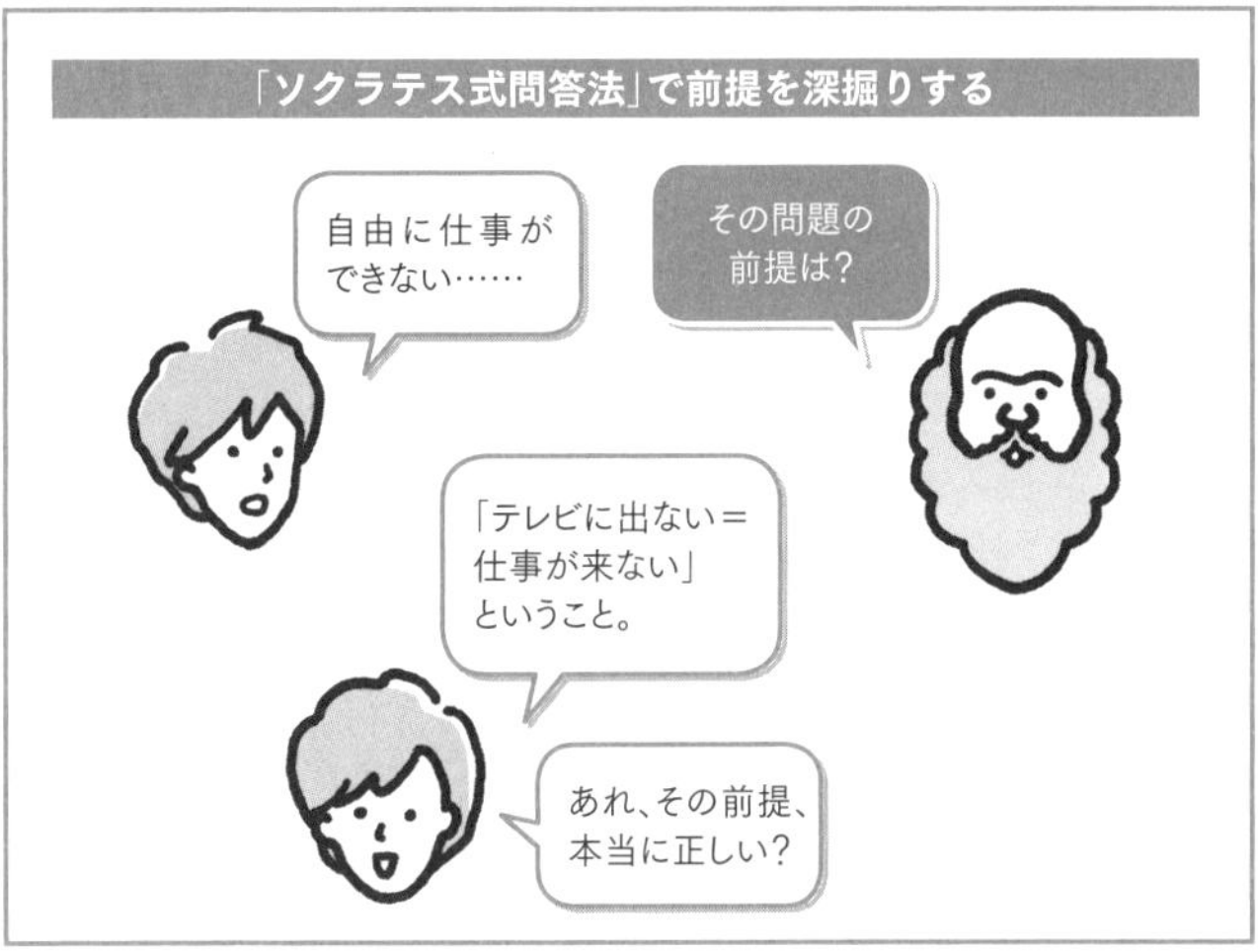
「ソクラテス式問答法」で前提を深掘りする
自由に仕事ができない……
その問題の前提は？
「テレビに出ない＝仕事が来ない」ということ。
あれ、その前提、本当に正しい？

そうしたところ、今度は**自分が「ほとんどの見込み客はテレビから来る」という前提を抱いていたことに気づきました。**

そこで、試しに書籍の売り上げを調べ直したところ、意外な事実が判明します。

私の書籍を買ってくれる人たちは、すでにほとんどテレビを見ていないか、そもそもテレビを持っていないケースが多かったのです。つまり、**「テレビに出続ければ認知度が上がり、さらに仕事につながる」との前提は怪しい**ことになります。

その後も同じように前提を疑い続けた私は、ほどなくテレビ出演を減らすことを決心。さらに試行錯誤を続け、いまのようにネットで知識を広げるビジネスモデルに落ち着きました。

「自由な時間を持つ」と「お金を稼ぐ」の2つは両立しないように見えますが、それは「1日8時間は働かねばならない」という資本主義の前提にしばられているからです。

それなら、「もっと労働時間を短くできないか？」や「働く場所を選ばないようにはできないか？」などと思考を進めていけば、また別のアイデアが生まれる可能性は高まるでしょう。

もちろん、1日8時間働く人を否定したいわけではありません。

いったん前提を疑ってみることで、よりクリエイティブな対策が浮かびやすくなるところに注意をうながしたいのです。

「前提調査の質問」には、人生を変えるインパクトがあります。あなたも、もし人生に行き詰まったときは前提を疑ってみてください。

ソクラテス式問答法パターン3

「証拠の質問」

3つめの質問は、**あなたの問題や解決策にどれぐらいの証拠があるのかを考えるため**に使います。質問の基本文型から見てみましょう。


「〇〇に似ているものはなんだろうか？」

「実例にはなにがありますか？」

「〇〇が起きた原因はなんだろうか？　そう思った根拠はなんだろうか？」

「〇〇〇を事実と考えた理由はなんだろうか？」

「他に必要な情報はありませんか？」

「〇〇〇の理由を教えてくれませんか？」

「どのような理屈でこの結論にいたったのですか？」

「証拠が本当かどうかを疑う理由はありますか？」

「その信念を持つにいたった理由はなんですか？」

このように**根拠をひたすら掘り下げるのが「証拠の質問」**です。

ちなみに、ここでいう根拠は科学的な証拠やデータだけでなく、自分が特定の考えを持った理由や動機などもふくまれます。

「実例」「類似性」「原因」の3点セットで問題を追い込む

なかでも大事なのは、実例、類似性、原因を探っていくタイプの質問でしょう。これら3つの質問は、ものごとの本質へ迫るために役立つからです。

たとえば、**先ほど例に出した「テレビ出演を続けるべきか?」という問題については、テレビに出なくても稼げる人たちの「実例」を考えてみました。**ユーチューバー、作家、起業家など、メディア露出がなくても儲けている人の実例を思いつく限りリストアップしたわけです。これだけでも、問題の見とおしがかなりよくなります。

続いて、今度は「類似性」を探る質問を使いました。ユーチューバーや起業家などの働き方を頭に浮かべながら、「似ているところはどこだろうか?」と考えてみたのです。

そこで気づいたのは、たいていの人は積極的に情報発信をおこない、B to BではなくB to Cのビジネスをしている事実でした。多くの人は法人ではなく消費者向けに商売をおこない、有用な情報を無料で出していました。

ここまで問題を詰めたら、さらに「原因」を探る質問を使います。

私の場合は「消費者向けに商売が成り立つ原因は?」「情報発信が役立つ原因は?」と自問自答をくり返し、やがて「テレビに出なくてもファンを集められるメディアを持つのが重要だ」との仮説に帰着。ユーチューバーなら登録者、作家ならSNSなどのフォロワー、起業家なら見込み客といったように、それぞれのファンを囲い込んで自由に情報発信できる状況をつくればいいのではないかと結論づけました。結果、現在のような会員制サービスで動画を配信する形に行きついたわけです。

動画配信サービスで「1万人の壁」を突破できた質問テクニック

特定の問題への対策を思いつきやすくなるのも、「証拠の質問」を使う大きなメリットです。

私のケースでは、まず**「自由な情報発信をおこなえる状況とは?」**を具体的に考え、YouTubeとニコ生という2つのプラットフォームから手をつけることにしました。

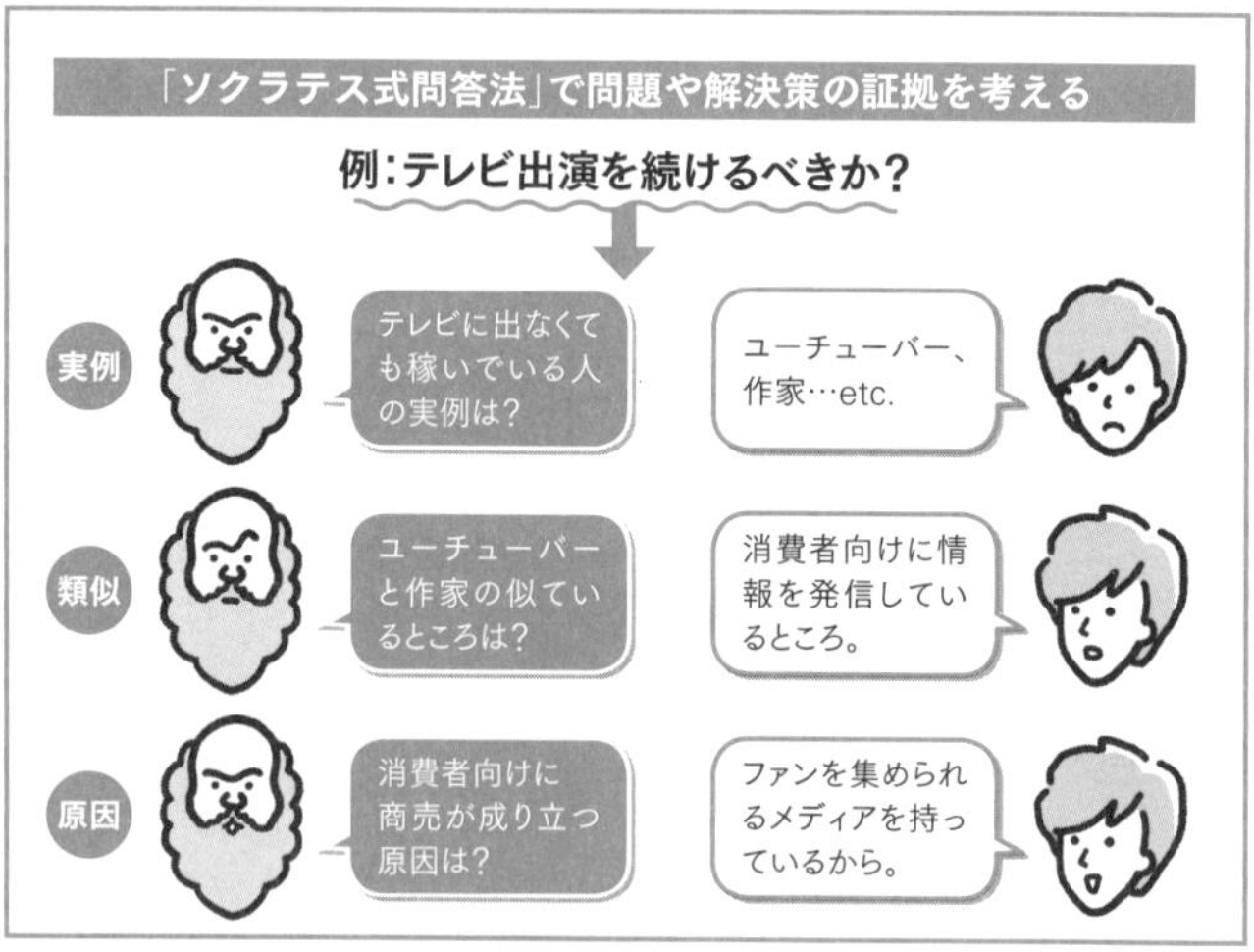
「ソクラテス式問答法」で問題や解決策の証拠を考える
例:テレビ出演を続けるべきか?
実例
テレビに出なくても稼いでいる人の実例は?
ユーチューバー、作家…etc.
類似
ユーチューバーと作家の似ているところは?
消費者向けに情報を発信しているところ。
原因
消費者向けに商売が成り立つ原因は?
ファンを集められるメディアを持っているから。

しかし、最初は普通に2つの配信サイトを使っていただけだったため、2~3年が過ぎても登録者は1万人を超すか超さないかのレベルにとどまったままで、思うように数字が伸びません。

そこで今度は類似の質問を使い、YouTubeとニコ生の類似点を探りました。

たとえば**「どちらも動画を自由に配信できる」「どちらも実生活に役立つ知識を求めるユーザーが集まる」**などです。

類似点がわかれば、両者の違いもおのずと浮き彫りになります。ぱっと見は似たようなサービスですが、無料のYouTubeには手っ取り早い知識を求めるユーザーが集まり、課金制のニコ生には人生を変えてくれそうな情報を求めるユーザーが集まるという、大きな違いが見えてきました。

そこで今度は原因の質問を使い、さらに具体的な戦略を練っていきます。**「過去にニコ生の会員数が急増した原因は？　特定の理由を支持する証拠はあったか？」**と考えたところ、**「ニコ生の話をYouTubeでシンプルに語りなおした放送を見て入会してくれた人が多いのでは？」**との仮説が誕生。実際のデータを見てもその仮説は正しそうだと判断したことから、ニコ生の話を端的に語りなおした情報をYouTubeで配信する戦略につながりました。

ソクラテス式問答法パターン4

「視点の質問」

「問題を解決したいなら視点を変えてみよう」といったアドバイスをよく耳にします。難しい問題を解きたいのに、ひとつの視点からしかものごとを考えられなければ、斬新な解決策が生まれるはずがないのは当然です。凝り固まった考えから抜け出さないと、いいアイデアは思いつかないでしょう。

しかし、そうと頭ではわかっていても、いざ実践するのはとても大変なもの。

人間には、ひとつのアイデアにしがみつく心理的な習性があるので、そう簡単に視点は切り替えられません。

もし「いつも似たようなアイデアしか出せない……」や「前にも同じ解決策を使った……」などの問題に悩んでいるなら、この「視点の質問」を使ってみてください。その名のとおり複数の視点を持ちたいときに使う質問のパターンで、具体的な文型は次のようになります。


「その問題について別の見方はないだろうか?」

「いまの代替案は考えられないだろうか?」

「それがなぜ必要で、どのようなメリットがあるのかを説明できるだろうか? そのメリットを受けるのは誰だろうか?」

「それがベストだと思う場合、その理由はなんだろうか?」

「それの長所と弱点はなんだろうか?」

「反対意見にはどのようなものがあるだろうか?」

「他の人や他のグループの人たちは、この問題にどう反応すると思いますか? そう反応すると思うのはなぜでしょうか？」

「〇〇〇という反論に対して、あなたはどう答えますか？」

「〇〇〇を信じている人、あるいは信じていない人は、あなたの意見についてどう思うでしょうか？」

「〇〇〇と△△△のアイデアはどこが似ていますか？　またはどこが違いますか？」


このように、**あらゆる方向から別の可能性を探るのが「視点の質問」**です。同じ質問ばかりを使っていると、そのうち自分の意見がどんどんひとつに凝り固まっていきますが、まったく違う角度から思考をうながし続ければ、新しいアイデアが出てきます。

「視点の質問」が自由な仕事につながった理由

私の場合は、かつて「テレビや講演からどう撤退するか？」という問題に取り組んだ際に、「視点の質問」がとても役に立ちました。私の人生の目標は「自由に生きる」なので、束縛が多いテレビや講演の仕事をわずらわしく感じていたのです。

そこで最初に思いついたのがコンサルタントをメインの仕事に据えることでした。コンサルならウェブ会議を使えばいいので、場所にとらわれず仕事ができます。

しかし、私ができる仕事は本当にそれだけなのでしょうか？　別の可能性を求めて「視点の質問」を使ってみました。

質問「コンサル以外の考え方はないだろうか？　テレビに出なくても知名度を維持する方法はないだろうか？」

答え「もうテレビに出ても知名度が増えないのは理解しているため、ＳＮＳが代替案として考えられる。フォロワーを増やすことを優先すればいいのではないか」

質問「フォロワーを増やすことの長所と短所はなんだろうか？」

答え「自分のメディアがあれば自由に情報発信ができるし、フォロワーが増えれば本の売り上げにもつながる。ただしＳＮＳはやり取りが容易なぶん、管理も大変になるだろう」

質問「それがベストだと思う理由はなんだろうか？」
答え「自由な情報発信は自分の価値観にもとづくのでベストだが、考えてみれば本のように『モノ』を売るビジネスにこだわる必要はないのかもしれない」
質問「本、コンサル、自分のメディアといった仕事は、どこが似ているだろうか？　どこが違うのだろうか？」
答え「どれも情報を売っているところは同じだから、そこさえ守っていれば何をしても構わないかもしれない。ニコニコ動画などの配信サイトで人生を変えるような情報を提供していくのがよさそうだ」
質問「それがベストだと思う理由はなんだろうか？」
答え「在庫がない、趣味の範囲でできる、ほぼB to Cのビジネスだ」

こういった自問のプロセスをしなかったら、私はいまごろコンサルタントを続けて、いまほ

ど幅広い活動はできていなかったでしょう。

私にとって一番大事な「自由」を手に入れ、なおかつコンサルタントより大勢の人に情報を届けることができるようになったのも、意識して「視点の質問」を使ったおかげなのです。

ソクラテス式問答法パターン5

「影響と結果の質問」

5つめの**「影響と結果の質問」は、あなたが考え出した結論や解決策の精度を確かめるために使います。**こちらも基本文型から紹介しましょう。

「どのようなまとめができるだろうか？」

「その前提の結果はどうなるだろうか？」

「○○は△△にどのような影響を及ぼすのだろうか？」

「○○は△△にいかにして（どんな段階を踏んで）影響を及ぼすのだろうか？」

「○○は、以前に学んだこととどのように結びついているのだろうか？」

「○○○はどんな効果があると思うだろうか？」

「○○○が起こる確率はどれぐらいだろうか？」

「○○○の代わりになるものはないだろうか？」

「○○○にはどんな意味があるのだろうか？」

「もし○○○が起こった場合、他にどんなことが起きるだろうか？」


ここまでいろいろな質問で問題解決を試みてきましたが、どの対策が正しいのかは実際に試すまでわかりません。

しかし、思いついたものをすべて試していくわけにはいかないため、それぞれの対策に優先順位をつける必要が出てきます。

そこで「影響と結果の質問」を使い、その対策を実践した際にどのような結果が起きそうかを見積もっておくわけです。

「影響と結果の質問」で最後の決断がスムーズに

私の場合だと、先ほどお話しした「配信サイトで情報提供」という対策を実行に移す前に、「いまの生活を、どのように変えるべきか？」を考えるために、「影響と結果の質問」を使いました。

質問「配信サイトで情報提供をおこなうことは、どのような影響を及ぼすだろうか？」

答え「いまの生活ペースで配信をおこなったら、確実に時間が足りなくなる。テレビをやめて実験する時間をつくらねばならないだろう」

質問「テレビをやめたらどんな影響が起きるだろうか？」

答え「テレビを完全にゼロにすると生活ができなくなってしまう。なるべく時間のかからないものだけを選んで出演すべきだろう」

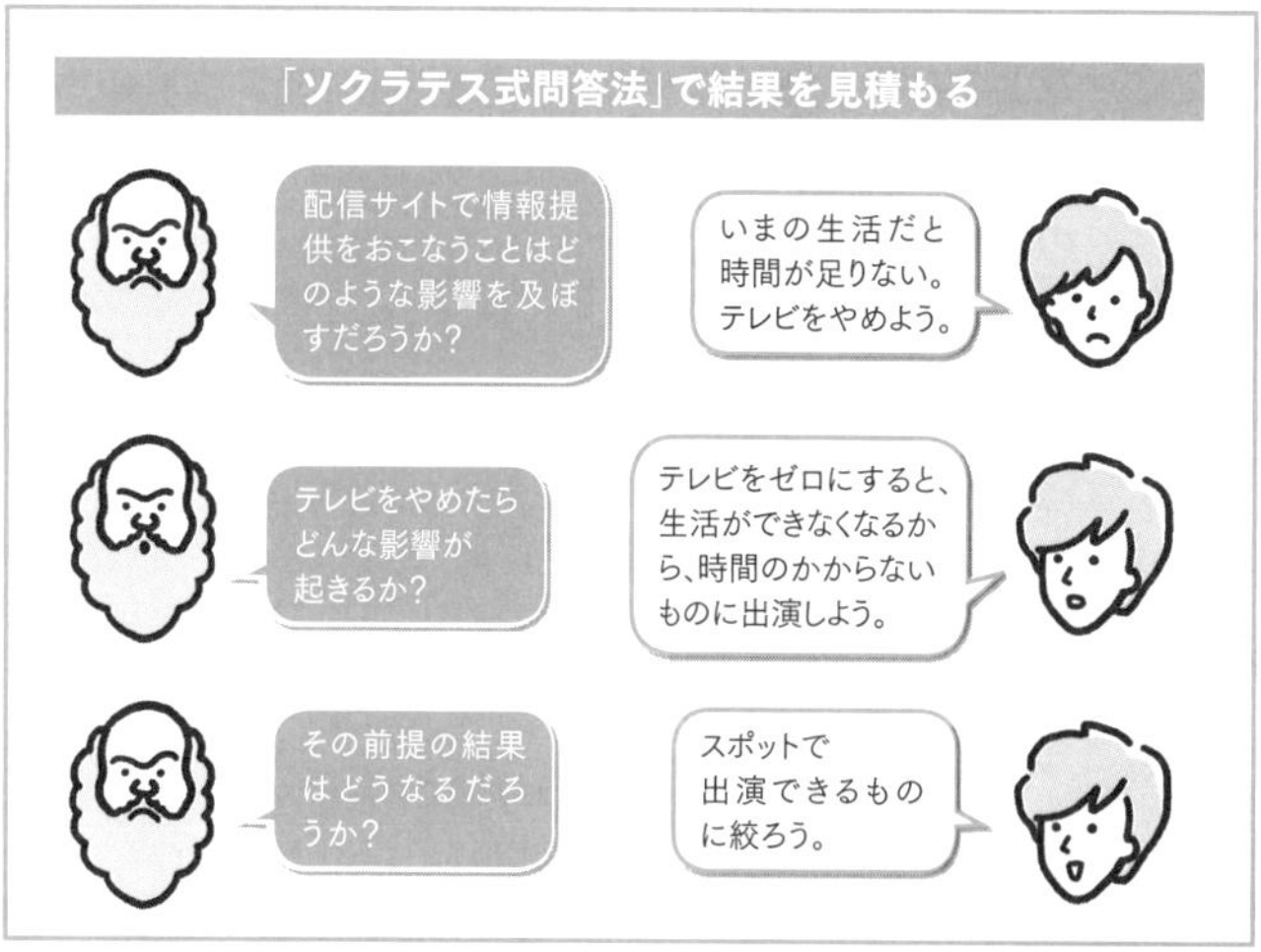
「ソクラテス式問答法」で結果を見積もる
配信サイトで情報提供をおこなうことはどのような影響を及ぼすだろうか？

いまの生活だと時間が足りない。テレビをやめよう。

テレビをやめたらどんな影響が起きるか？

テレビをゼロにすると、生活ができなくなるから、時間のかからないものに出演しよう。

その前提の結果はどうなるだろうか？

スポットで出演できるものに絞ろう。

質問「その前提の結果はどうなるだろうか？」

答え「バラエティやクイズ番組は拘束時間が長いのでＮＧ。時間のかからない番組といえば、ババ抜きなどの心理戦のようなスポットで出演できるものだろう」

こうして私は、ギリギリまで時間がかからない番組だけに出演を限定。同じ理由からあまりにも遠方の講演は断り、コンサルも値段が低いものは除外しました。

もし、ここで「影響と結果の質問」を使わなかったら、おそらく「せっかくもらった仕事だから……」と従来の仕事にしがみつき、配信サイトへの移行はかなわなかったでしょう。

最終決断をスムーズにおこなうためにも、「影響と結果の質問」は非常に役立つテクニックなのです。

ソクラテス式問答法パターン6

「疑問の質問」

「ソクラテス式問答法」を使っていると、そのうち「質問の答えがなかなか思いつかない……」といった場面に必ず遭遇します。**「疑問の質問」は、そんな膠着《こうちゃく》状態から抜け出すために使います。**基本文型から見てみましょう。


「この疑問のポイントはどこだろうか?」

「なぜこの疑問は重要なのだろうか?」

「この疑問についてもっといい質問はできないだろうか?」

「この疑問をベースに、どのような前提を生み出せるだろうか?」

「この疑問は、なんらかの重要な問題に結びつくだろうか？」

「なぜ自分はこの疑問を持ったのだろうか？」

「○○とはどのような意味だろうか？」

「○○を日常にどのように適用できるだろうか？」

「それは自分のアイデアだろうか？　それともどこかで聞いたことだろうか？」

「いつもそのような考えが浮かんでいただろうか？　それとも最近だけだろうか？」

「あなたの意見は、他の人やコトに左右されたものか？」

「どこでそのアイデアを思いついたのか？」

「そのように感じた原因はなんだろうか？」


行き詰まった質問の性質を掘り下げていくことで、あらためて問題の本質がどこにあるのかを把握し、そもそも自分が疑問を持った理由や動機をあきらかにしていくわけです。

再び私の例をあげましょう。

最近「疑問の質問」が役に立ったのは、「なぜか仕事のモチベーションがない」という問題に悩んだときのことです。仕事の業績は右肩上がりで目立った問題はなかったものの、なぜか毎日の暮らしにイキイキした感覚を得られなくなっていました。そこで「疑問の質問」です。

質問「いつもそのような考えが浮かんでいただろうか？　それとも最近だけだろうか？」

答え「少し前までは暮らしのモチベーションが高かったので、最近の変化が関係しているのだろう」

質問「この疑問は、なんらかの重要な問題に結びつくだろうか？」

答え「モチベーションがないのは、仕事が安定したのが関係しているのだと思われる。会員数が10万人を超えたため、新しいチャレンジをしなくなったのが原因だろう」

質問「そのように感じた原因はなんだろうか？」

答え「過去の体験からしても、一番モチベーションが高まるのは、新たなチャレンジをしているときだった」

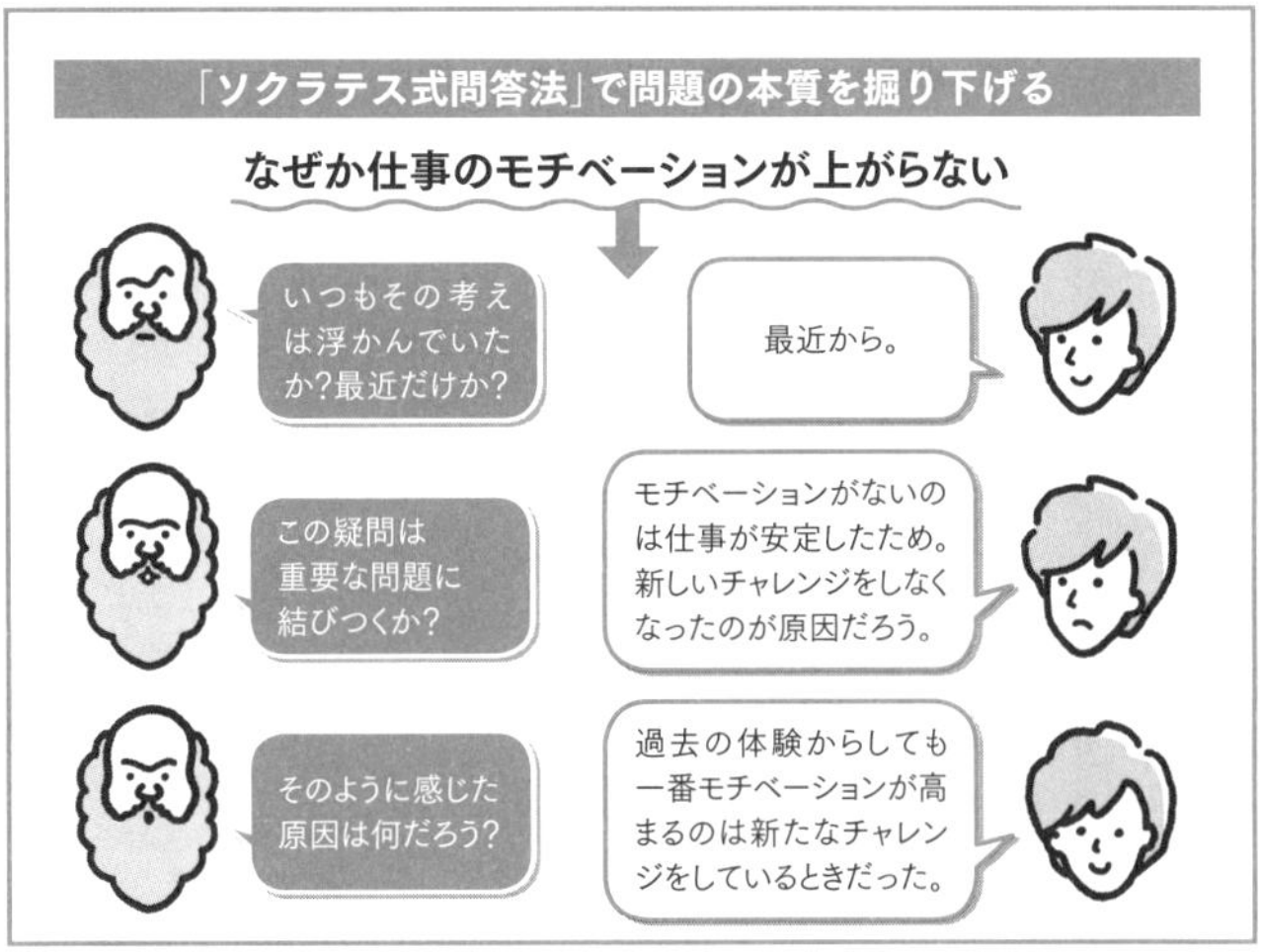
「ソクラテス式問答法」で問題の本質を掘り下げる
なぜか仕事のモチベーションが上がらない
いつもその考えは浮かんでいたか？最近だけか？

最近から。

この疑問は重要な問題に結びつくか？

モチベーションがないのは仕事が安定したため。新しいチャレンジをしなくなったのが原因だろう。

そのように感じた原因は何だろう？

過去の体験からしても一番モチベーションが高まるのは新たなチャレンジをしているときだった。


このような質問を重ねた結果、いまの自分には仕事の安定が逆効果になっていることを実感しました。

そこで新たなチャレンジとして、「Dラボ」という自前の動画配信サービスを立ち上げ、「知のネットフリックス」をコンセプトに新しい取り組みを続けているところです。

おかげで仕事の安定期にはなかったワクワク感がよみがえり、再びハリのある生活が戻ってきました。

あなたも毎日の暮らしが停滞したときなどは、「疑問の質問」に取り組んでみてください。

「ソクラテス式問答法」を身につける2つのトレーニング

「ソクラテス式問答法」の質問パターンは以上です。

それぞれの質問はシンプルですが、いざ難しい問題に使おうとすると困ってしまう人も多いかもしれません。**たいていの人は自問自答の習慣がないため、どの質問を使うのが最適か、すぐに判断できない**からです。

この問題を克服するには、普段から「ソクラテス式問答法」を意識して試すしかありません。

そこで、代表的なトレーニング法を2つ紹介します。

トレーニング1「ソクラテス・テンプレート」

初めて「ソクラテス式問答法」を使うときにとまどいやすいのが、質問の量が多すぎるという問題です。それぞれの質問パターンは簡単ながら、実際にすべての質問を使いこなすのは大変でしょう。

そこで、「ソクラテス式問答法」に慣れるために使ってほしいのが、**「ソクラテス・テンプレート」**です。**数ある質問パターンのなかから、とくに重要性と即効性が高いものを抜き出してまとめたもの**です。

使い方としては、あなたが**いま悩んでいる問題に対して、まずは2~3個の解決策を考えてみてください。あまり深く考えず、直感で「これはよさそうだ……」と感じたアイデアをピックアップするのがコツ**です。

そして、それぞれの解決策を、次のページのテンプレートで深掘りしていきます。

ソクラテス・テンプレート

自分が考えた解決策やアイデア

その解決策が正しいと思う証拠は?　または反する証拠は?

この解決策は事実にもとづいている?　または感情にもとづいている?

証拠を間違って解釈している可能性はない?
自分が無条件で信じていることはない?

他の人たちは同じ問題についてどんな解決策を出すと思う?
同じ問題に違った解釈をする可能性はない?

私はすべての証拠をチェックした?
自分の考えを支持する証拠しか調べていない可能性はない?

私の思考やアイデアが、真実を誇張している可能性はない?

いま考えている解決策やアイデアが、いつもの習慣的な思考から
出ただけでしかない可能性はない?

いま考えている解決策やアイデアは誰かの影響を受けていないか?
もしそうなら、それは信頼に足るソースだと言える?

その解決策やアイデアは、成功の見込みがある?
最悪の結果が起きるとしたらなにが起きる?

もちろん、このテンプレートに当てはめたからといって、必ずしもあなたの問題が解決するわけではありません。しかし、なんのフレームワークもなしに問題を考えるよりは、よりよい解答を思いつく可能性が格段にアップします。

ちなみに、「ソクラテス式問答法」に慣れていないうちは、「転職」や「結婚」のような人生の大問題ではなく、身のまわりの小さな悩みから試してください。

「この本を買うべきか？」「企画書をブラッシュアップするにはどうすべきか？」など、日常のなかでちょっとした問題にぶつかったらテンプレートを試すチャンス。

何度もくり返すうちに「ソクラテス式問答法」が頭に染み込み、反射的に自問自答をおこなえるようになるはずです。そうなったら、今度は次のトレーニングでさらなる練習を積み、「ソクラテス式問答法」を自在に操る能力を手に入れましょう。

トレーニング2「他人の悩みに使う」

「ソクラテス式問答法」を鍛えるためには、自問自答ではなく他人の悩みに試すのも有効です。

他人のために使うと主観が入りにくくなるため、自問自答よりスムーズに質問を思いつくケースが多いからです。

一例として、友人が「自分はダメだ……」と言ってきた場面を考えてみましょう。

友人「毎日失敗ばかりしててツラいんだよね……」

自分「それって、なんだか落ち込んだような感情？」**（明確化の質問）**

友人「そう。もうダメダメな感じ」

自分「『ダメ』というのは、なにもかもうまくいかないってこと？」**（明確化の質問）**

友人「そう。なにもかもだね」

自分「それじゃあさ。たとえば、子育てについてはどうなの？　子どもの世話もまったくダメだった？」**（視点の質問＋証拠の質問）**

友人「子育てはそんなことないね。子どもが寝るのを手伝ったし、サッカーの練習にも付き合ったし」

自分「それって子どもたちにとって重要だったりした？」**（影響と結果の質問）**

友人「そうだろうねぇ。子どもも喜んでたし」

自分「奥さんはどうなの？　今週、なにか彼女が喜んだこととかないの？」**（視点の質問）**
友人「うーん、こないだ時間どおりに帰宅したのを喜んでくれたけどね。たいしたことじゃないよ」
自分「たいしたことじゃないかもしれないけど、『奥さんが喜んだ』ことは『なにもかもダメ』に入る？」**（前提調査の質問）**
友人「まぁ、そんなことはないか」
自分「それじゃあ、『なにもかもダメ』って正しい表現なの？」**（疑問の質問）**

もっとも大事なのは、聞き手はあくまで質問に徹しなければならないところです。いきなり「君は子どもの世話もしてるじゃないか！」などと言っても相手の反発が増すだけですが、地道に質問を重ねていくと自然と解決に近づきやすくなります。

慣れないうちは6パターンの質問をまんべんなく使うのは難しいので、あらかじめ「今日は明確化の質問だけをトレーニングしてみよう」などと決め、ひとつのパターンだけを使うように心がけていくといいでしょう。

「ソクラテス式問答法」の質問集

①明確化の質問

・○○とはどういう意味ですか?
・別の方法で説明すると
どうなりますか?
・その本質やメインの問題は
なんだと思いますか?
…etc.

②前提調査の質問

・この問題はどの点が
重要なのですか?
・この問題の前提は
なんでしょうか?
・私はあなたの意見を正しく
理解できていますか?
…etc.

③証拠の質問

・○○に似ているものは
なんだろうか?
・実例にはなにがありますか?
・どのような理屈でこの結論に
いたったのですか?
…etc.

④視点の質問

・別の見方はないだろうか?
・代替案は考えられない
だろうか?
・反対意見にはどのような
ものがあるか?

⑤影響と結果の質問

・その前提の結果はどうなる
だろうか?
・○○は△△にどのような影響を
及ぼすのだろうか?
・○○にはそんな意味が
あるのだろうか?
…etc.

⑥疑問の質問

・この疑問のポイントはどこか?
・なぜ自分はこの疑問を
持ったのか?
・いつもその考えは浮かんでいた
か?それとも最近だけだろうか?
…etc.

第4章

正しく考える力を養う5つのトレーニング

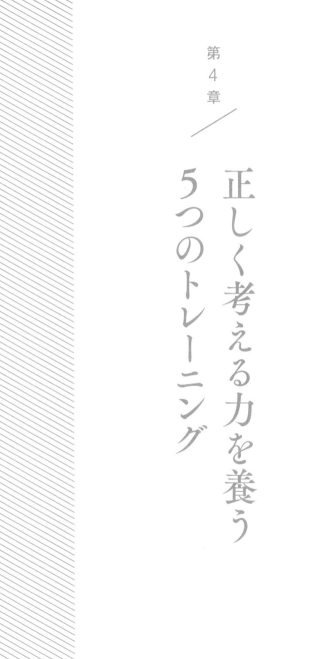

クリティカル・シンキングを鍛える5つのトレーニング法

「ソクラテス式問答法」に慣れてきたら、さらにクリティカル・シンキングのスキルを高める中級トレーニングに進みましょう。「ソクラテス式問答法」より複雑になりますが、どの手法も実践した際の効果は絶大。一段上のクリティカル・シンキングを身につけることができます。

トレーニング法は全部で5つです。

（1）弁証法的ライティング：思考を文字にして考える

（2）CAT法：4つの質問で普段と違う思考を鍛える

（3）CLS法：他人との議論で思考力を高める

（4）ケーススタディ法：事例をもとに思考を鍛える

（5）WOOP＋C：目標達成の技法をクリティカル・シンキングに応用する

これらのトレーニングには、いずれもあなたの「創意工夫力」を高める効果があります。簡単に言えば、自分の頭で解決策を考えて未来を切り開く思考力のことです。

人生の決まったレールがなくなりつつある現代では、自分でものごとを工夫し、あなたなりの方法で人生をサバイブしていく必要があります。そのために欠かせないのは、つねに創意工夫を続けて前に進む能力です。そんな能力を養う方法を、具体的に見ていきましょう。

トレーニング1
「弁証法的ライティング」

クリティカル・シンキングを鍛えるひとつめのトレーニングは「ライティング」です。

脳内の思考を紙に書き出すトレーニングで、頭のなかだけでものごとを考えるよりも格段に論理的な思考力を養うことができます。

ただし、自分の頭に浮かんだことをダラダラ書き続けるだけでは、クリティカル・シンキングは鍛えられません。論理力を高めるためには、決まったガイドラインに従って思考を書き出す必要が出てきます。

そこでおすすめしたいのが、**「弁証法的ライティング」**というテクニックです。

古代ギリシアの思考法でクリティカル・シンキングを鍛える

「弁証法」は古代ギリシアから使われてきた思考法のひとつで、ドイツの思想家ヘーゲルによって定式化されました。高校生のときに倫理などの授業で習った人もいるでしょう。

弁証法は次のように思考を進めていきます。

1 テーゼを考える：まずはものごとのメリットやポジティブな側面について考えます

2 アンチテーゼを考える：ものごとのデメリットやネガティブな側面について考えます

3 ジンテーゼを考える：テーゼとアンチテーゼを合わせて、新しい解決策を生み出します

一般的には、ものごとのメリットとデメリットの両面を検討し、そのうえでメリットだけを活かす方法を考えるのが普通でしょう。しかし**弁証法では、メリットとデメリットをどちらも取り込むことで、もとのアイデアよりよいものを目指すのが大きな特徴**です。哲学の世界で**「アウフヘーベン」**と呼ばれる状態です。

「テーゼ」と「アンチテーゼ」をぶつければ脳が動き出す

たとえば、きれいな花が咲いていたとしましょう。

この場合の**テーゼは「見た目が美しい」や「香りが心地よい」**になります。花のポジティブな側面を抜き出したわけです。

続いて、花のアンチテーゼについて考えます。花のネガティブな側面を考えればいいので、この場合は**「花は枯れてしまう」などがアンチテーゼ**になるでしょう。花は美しいけど枯れてしまうという、両立しない特徴を持っているわけです。

この2つの特徴をベースに最後はジンテーゼを考えます。「花は美しい、しかし枯れる」を合わせて出てくるメリットはなんでしょうか？　ひとつの答えとしてあり得るのは、「**花は枯れるが、その後に種を残してさらに増える**」というものです。美しい花はやがて枯れ、そのおかげで翌年もまた美しい花を楽しむことができ、四季の移ろいをも感じさせてくれます。

まとめると、この例における弁証法の流れは次のようになります。

・テーゼ＝花は美しい
・アンチテーゼ＝花は枯れる
・ジンテーゼ＝枯れた花は種を残し、翌年からも美しい花を楽しめる

このように、ものごとのメリットとデメリットをつなげて新たな価値観を探すのが弁証法のポイントです。**テーゼとアンチテーゼを頭のなかだけで考えるのは難しいため、この作業をおこなう際は必ず文章にしてください。**

もう少し事例を紹介します。

今度は「特定の企業に就職すべきか？」という問題を弁証法で考えてみましょう。

1　考えたい問題　＝　特定の企業に就職すべきか？
2　「特定の企業に就職する」のテーゼは？　＝　安定して収入が得られる
3　「特定の企業に就職する」のアンチテーゼは？　＝　収入の額は増えにくくなる
4　「安定収入」と「収入は増えにくい」のジンテーゼは？　＝　副業をすればいい

もちろん「副業」が絶対の答えではなく、あなたの環境やライフスタイルによって別の回答が出ることはあるでしょう。しかし、いずれにせよ一番大事なのは、テーゼとアンチテーゼをぶつけて思いもよらない答えが出てこないかどうかを確かめることです。その過程でいままで使ったことのない脳機能が働き出し、クリティカル・シンキングの改善につながっていきます。

弁証法で「おいしいとこ取り」なアイデアを生む

もうひとつ、**弁証法的な考え方は「トレードオフ状況」の解決にも役立ちます。**これは「あちらを立てればこちらが立たず」のことで、「品質がいいものは価格が高くなり、価格を下げると品質も下がる」や、「食事を増やすと体重が増え、体重を減らそうとすると食事も減らすしかない」といった状況が代表的な例です。

参考までに、かつて**私が「お金は欲しいが自由も欲しい」という問題に弁証法を試した事例**を紹介しましょう。

お金を稼ごうとすると多くの時間を費やさねばならず、どうしても自由な時間は減ってしまう——。

まさにトレードオフの典型的な例ですが、打ち破るにはどうすればいいのでしょうか？

この問題ではテーゼとアンチテーゼとを明確に分けられないので、便宜上、次のように思考を進めていきました。

1　自分の人生の問題はなにか　＝「お金は欲しいが、自由も欲しい」
2　その問題におけるテーゼは？　＝「お金が欲しい」
3　その問題におけるアンチテーゼは？　＝「自由が失われる」

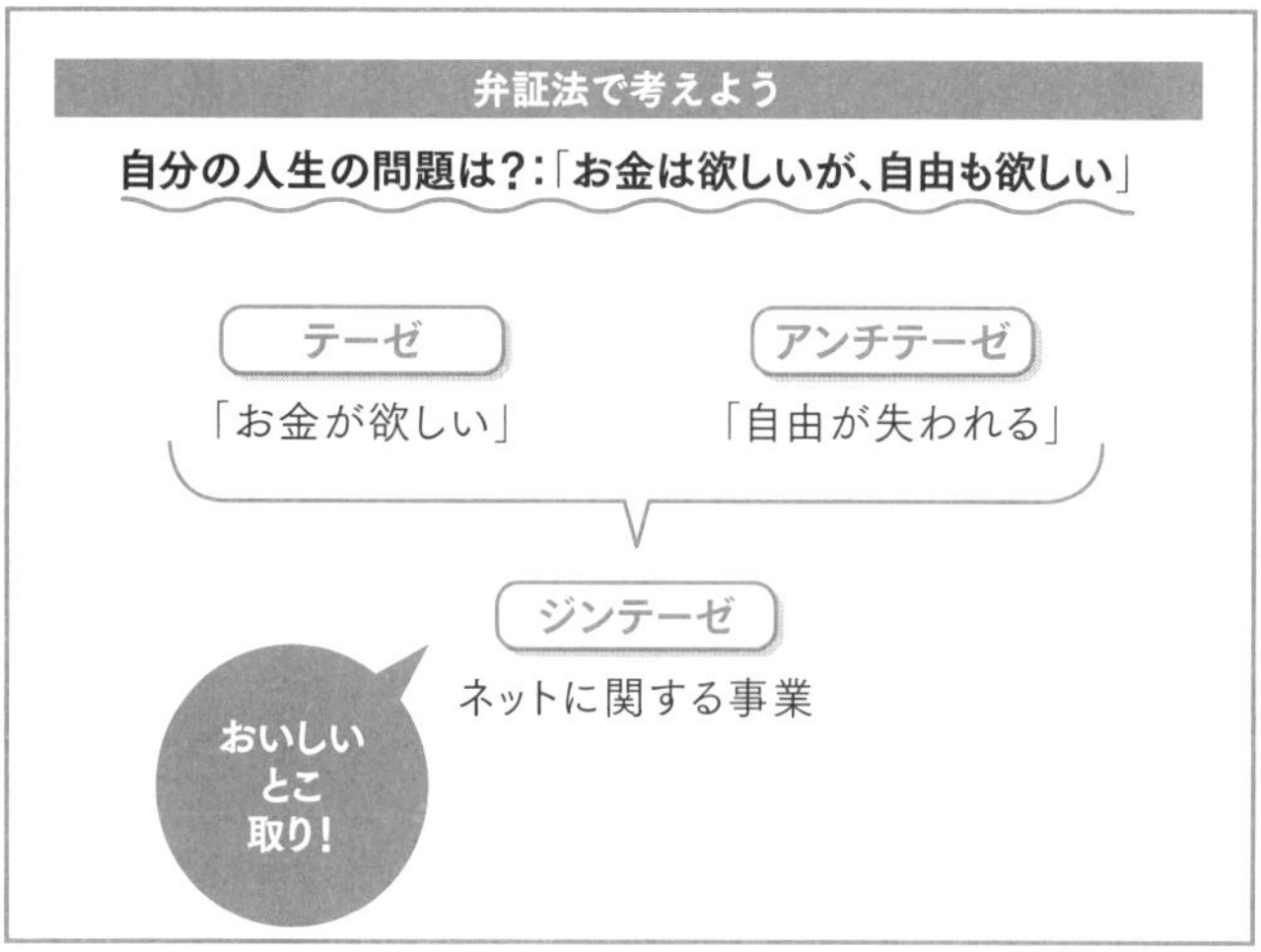
弁証法で考えよう
自分の人生の問題は？：「お金は欲しいが、自由も欲しい」
テーゼ
「お金が欲しい」
アンチテーゼ
「自由が失われる」
ジンテーゼ
ネットに関する事業
おいしいとこ取り！

当時の私はテレビに出てお金を稼ぐ方法がメインでしたが、ここにはまったく自由がありません。仕事のスケジュールは事務所に決められてしまうし、土日も稼働するしかなく、さらには深夜の収録もザラです。売れているタレントさんになると、ディナーの予約すら入れられません。

自由な状態を維持しつつお金を稼ぐにはどうすればいいのか？　考え抜いて出てきたジンテーゼは「ネットに関する事業」でした。ネット環境さえあればどこでも仕事ができ、自由に働きながらも成果をあげることができます。

といっても、ユーチューバーのように編集や撮影の手間をかけてしまうと、下手をすれば一本の動画をつくるために半日がかり、コストも100万～130万円ぐらいかかってしまうでしょう。

これではテーゼとアンチテーゼを満たしたことにならないので、さらに考えを進めた結果、いまのようなコストと編集の手間がかからない動画一発撮りのスタイルに落ち着きました。**弁証法を使えば、「あちらを立てればこちらが立たず」ではなく「いかにおいしいところだけを取れるか?」という考え方が可能になります。**思考の行き詰まりを打ち破るためにも、ぜひ弁証法によるライティングで、クリティカル・シンキングを鍛えてみてください。

トレーニング2
「CAT法」

2つめは「CAT法」というトレーニングです。クラスルーム・アセスメント・テクニック(classroom assessment techniques)の略で、アメリカの学校などでは生徒にクリティカル・シンキングを教えるために使われます。

一般的な「CAT法」は、次のようにおこないます。

（1）議題の設定

まずはこれから考える議題を決めます。「貯金をしたい」「ダイエットをしたい」のような身近なものでもいいし、「消費税の増税は是か否か」のような社会的な問題でも構いません。

（2）ミニッツ・ペーパー

その議題について自分がどんな答えを出すかを考え、適当な紙に2～5分ぐらいの時間制限をつけてどんどん書き込んでいきます。あまり深く考えずに、どんなバカらしい答えでもいいので、思いつく端から書き出すのがコツです。

（3）４つの質問

最後に、ミニッツ・ペーパーに書き込んだ内容を見つつ、次の4つの質問でそれぞれの答えを検討していきます。各質問にかける時間は1～2分で、こちらも深く悩まず高速で考えてください。

①重要度の質問：その答えは、他と比べてどれぐらい重要だろうか？
②印象の質問：その答えにどんな印象を持っただろうか？　その理由はなんだろうか？

③混乱の質問：その答えでよくわからない点はどこだろうか？
④要約の質問：この作業から学んだことはなんだろうか？

ダイエットに「CAT法」を使ってみた例

「CAT法」の流れは以上ですが、これだけではわかりづらいので「ダイエットを成功させるには？」というお題で考えてみましょう。

(1) 議題の設定

ダイエットを成功させて、3か月で6kg体重を落とすには？

(2) ミニッツ・ペーパー

お菓子を食べない、朝食を抜く、糖質を抜く、タンパク質を増やす、野菜を増やす、もっとよく寝る、食物繊維を増やす、もっと運動をする、断食道場に行く……。

（３）４つの質問

①重要度の質問「私はお菓子の食べすぎで太っている気がするので、『お菓子を食べない』は運動や食物繊維よりも重要度が高い」

②印象の質問「お菓子を食べないのは簡単だが実践は難しそうだ……。会社には無料のお菓子が置いてあるし、帰り道にはコンビニについ立ち寄ってしまう」

③混乱の質問「お菓子をひかえればいい効果が出るのは間違いないと思うが、そういえば１日に摂取しているカロリーのうち、どれぐらいお菓子が占めているかがわからない」

④要約の質問「身近にお菓子がある問題と、具体的にお菓子を減らすことによる効果を調べる必要がある」

ご覧のとおり、質問を重ねることで、ダイエットの具体的な対策と問題点があきらかになりました。**「減量のためにお菓子をひかえる」という対策は誰でも思いつくでしょうが、意識して掘り下げないとこまかな問題点までは把握できない**ものです。問題を摑むことができれば、少なくとも以前より対策を立てやすくなるでしょう。

ワーク

CAT法をやってみよう！

(1)議題の設定

2)ミニッツ・ペーパー

答え

(3)4つの質問

①その答えは、他と比べてどれぐらい重要か？

②その答えにどのような印象を持っただろうか？

③その答えでよくわからない点は？

④この作業から学んだことは？

時間を区切れば脳から違う発想が生まれる

「CAT法」でもっとも大事なのは、とにかく高速でどんどん思考を進めていくところです。

本来のクリティカル・シンキングはじっくり考えるのが基本ですが、「CAT法」では普段ならやらないスピードで次々にアイデアを出していきます。

あえて高速で脳を使うのは、そのほうが斬新な発想が浮かぶ確率が上がるからです。

第1章でも説明したとおり、クリティカル・シンキングを正しくおこなうためには、論理的な思考力だけでなく幅広い視点からものごとを見るスキルが欠かせません。

そのためには、**みずから厳しい期限を設定して、無理やりにでも思考を働かせるほうが成果は出やすい**のです。

これは読書でも同じで、ひとつの本に好きなだけ時間をかけられる状況では、じっくりと読み進められるのはいいものの、情報のボリュームが大きくなるぶんだけ、逆に要点を見失ってしまうことがよくあります。

しかし、ここで「2時間かかる本を30分で読んでまとめる」と心に決めると、本への取り組み方が変わります。一言一句を読むわけにはいかないため、「いまの私にとって本当に大事なポイントはどこか？」を確かめる意識が生まれ、目次や見出しなどを精査したうえで大事なところだけを抽出して読もうとするでしょう。その結果、**時間を短くしたおかげで本質が見えやすくなる**のです。

誤解してほしくないのは、決して熟読を否定しているわけではない点です。本の内容をあなたの血肉に変えるためには、内容を精査する読み方は絶対に必要になります。

ただし、短時間の読書は普段と違う脳の使い方をうながすため、いつもとは違う視点が生まれやすくなります。これがCAT法を実践する最大のメリットなのです。

トレーニング3

「CLS法」

CLS法は「共同学習戦略（Cooperative Learning Strategies）」の頭文字を取ったトレーニ

ング法で、**他の人たちと議論をしながらクリティカル・シンキングを鍛えていきます。**

ポイントは次のようなものです。

（1）議題定義

トレーニングの前に、これから話し合う議題がどのようなものなのかをはっきりさせます。

（2）根拠の議論

最初に決めた議題について、グループ（通常は3～4人）でディスカッションをスタート。自分が考えた対策や解決法について、「なぜこの解決策がいいと考えたか？」を話し、意見を戦わせます。

（3）全体の参加

議論をおこなうと、たいていは声が大きな人の意見が主流になってしまうので、参加者たちには「すべての人が議論に参加するように」と事前にルールを伝えておきます。

「根拠」にフォーカスして感情的な議論を抜け出す

このトレーニングで大事なのは、「根拠の議論」です。

一般的に、他人とディスカッションをおこなうと私たちは感情的になりやすく、自分のアイデアを必要以上に強く押し出したり、逆に自信を失っていい案を引っ込めたりしがちでしょう。とくに議論の相手が上司か年下の部下だった場合には、どうしても感情的な反応が優先されやすくなります。

しかし、「自分の解決法がいいか悪いかではなく、その解決策や対策をいいと思った理由を話す」と事前に決めておけば、「このアイデアが役に立つポイントとは?」といった問題へ意識が向き、感情よりも論理が優先されやすくなるはずです。

そのため、CLS法でトレーニングを積んだ人は感情的になることが少なく、よりよい決定にたどりつきやすい傾向があります。

私の場合は、会社のスタッフとCLS法をおこなうこともありますが、ひとりで脳内ディスカッションもおこなっています。

なかでも新たなビジネスをはじめたいときに使うケースが多く、まずは「お金を稼ぎたい」「自由になりたい」「絵を売りたい」など、なにかしらの議題をピックアップ。

ディスカッションのテーマが決まったら、続けて「SNSで広める」「有名人に紹介してもらう」「店舗をつくる」「Amazonに出店」など、少しでも可能性がありそうなアイデアをどんどん考えていきます。

最後に、それぞれアイデアについて「なぜこの解決策がいいと思ったのか?」と質問をはじめると、**おもしろいもので、私のなかでは「これが最高だ」と思っていたアイデアには明確な根拠が出せず、「これはイマイチかな……」と感じたアイデアにはすらすらと理由を出せるケースが頻発する**のです。

くり返しお伝えしているように、人間は自分の好みや偏見でものごとを決めがちな生き物です。直感で「これはいい!」と思い込むと、そのアイデアに都合よく論理を組み立ててしまい、たいして思考を深めずに最終決定を下すケースはめずらしくありません。

ところが、CLS法であらためて根拠を詰めたおかげで、アイデアの浅さが浮き彫りになったわけです。

そう言えば、かつて広告代理店のプランナーに「このCMは間違いないから出演をお願いします」と持ちかけられた際、私が「間違いないと思われる根拠はなんですか？」と尋ねたところ、急に向こうが口ごもったことがありました。だからといって必ずしもそのアイデアがダメだとは言えませんが、プランナー氏が自分の発想を考え抜いていなかったのは確かです。

このように、**勢いだけで考えてしまったアイデアを明確にしてくれるのが、CLS法の大きなメリット**です。

CLS法でイマイチな発想をブラッシュアップする

また、**他の人とCLS法をおこなうときは、あえて優先順位の低いアイデアを披露して意見を尋ねるのも有効**です。

「このアイデアはまあまあかな……」と自分では思っているアイデアを他者に披露しつつ、「どう思う？　むしろもっといいアイデアはある？」などと聞いてみてください。

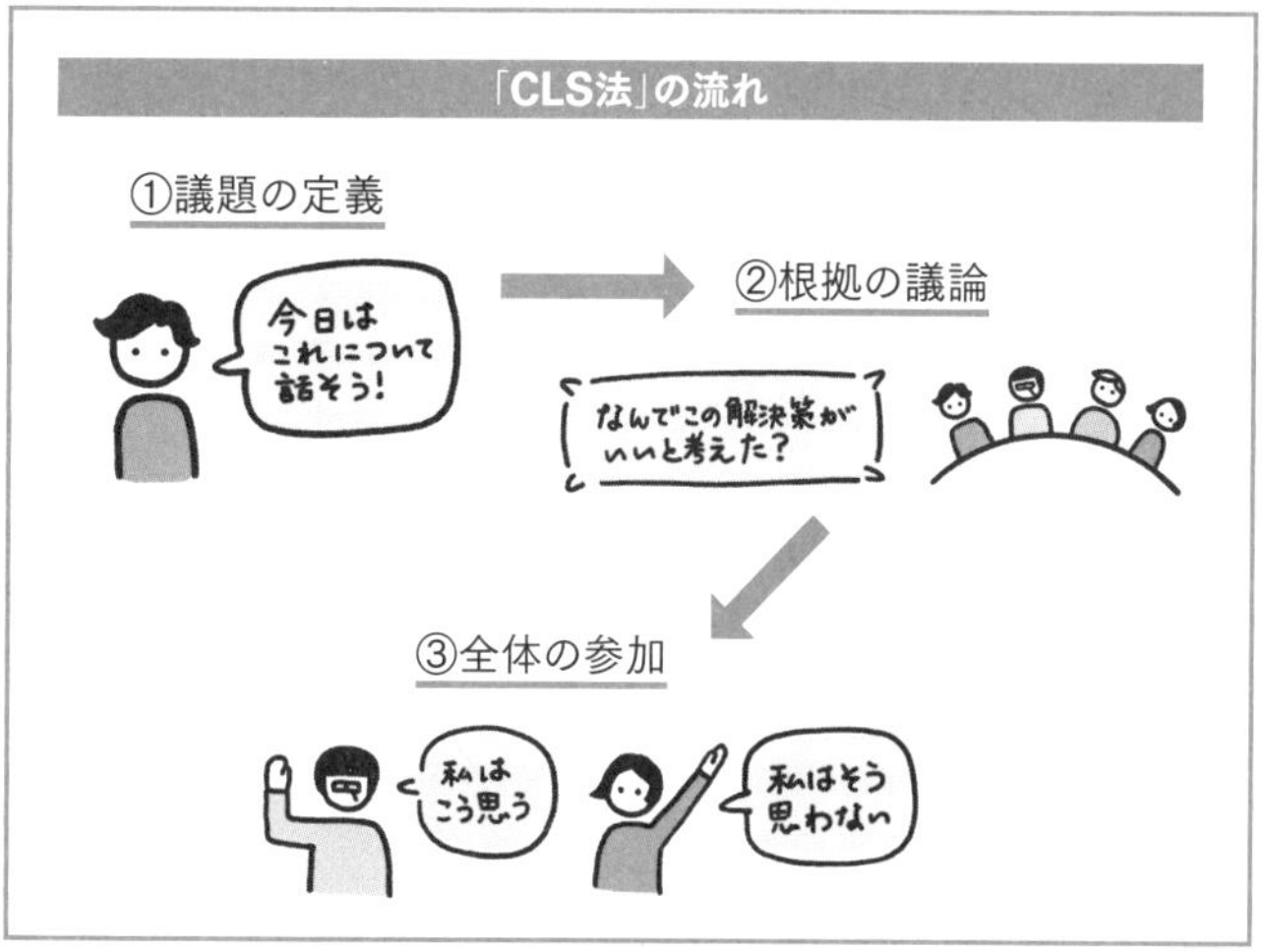
「CLS法」の流れ
①議題の定義
今日は これについて 話そう!
②根拠の議論
なんでこの解決策が いいと考えた?
③全体の参加
私は こう思う
私はそう 思わない

自分ではイマイチとしか思えないような発想でも、他者が客観的な視点からアイデアを見つめると、リスクも少なくコストもかからない妙案が意外と出てきます。ひとりで考えただけでは思考が凝り固まってしまうのを、他人の視点がブラッシュアップしてくれるわけです。

ここで大事なのは、できるだけあなたと立場や考え方が違う相手をディスカッションの相手に選ぶことです。

自分と似たような思考を持った相手に話を持ちかけても、同じような視点の発想しか出てきません。まったく違う業種や他部署の知人、年齢がかけ離れた同僚、国籍が異なる友人など、あなたの属性から離れた人を選ぶほどCLS法の効果は高くなります。

もしそのような相手が見つからないときは、脳内に架空のディスカッション相手をイメージしてみてもいいでしょう。架空の相手にアイデアをぶつけつつ、アイデアを底上げしてみてください。

トレーニング4

「ケーススタディ法」

「ケーススタディ法」はニュースや社会問題を使って思考力を鍛えるトレーニング法で、エビデンスベースで考えるスキルを養いたいときに有効な手法です。

1990年代からアメリカの学校の一部で使われ、学生のクリティカル・シンキング向上に大きな成果をあげているテクニックでもあります。

具体的な方法を見てみましょう。

「ケーススタディ法」は大きく3つのステップでおこないます。

ステップ1「事例を決める」

まずは思考トレーニングに使う事例を決めます。Yahoo!ニュースや新聞、SNSなどから気になった事件をピックアップしてください。

採用する事例はなんでも構いませんが、基本的には次の要件を満たすものを選ぶのがおすすめです。

【物議をかもすような事例】

「安楽死は是か否か?」「ベストなダイエット法はなにか?」「新型コロナ対策は感染防止と経済政策のどちらを優先すべきか?」「原発はアリかナシか?」「消費税アップは意味があるのかないのか?」といったように、簡単には答えが出せない問題を選んだほうがトレーニングの効果は出やすくなります。

ただし、友人と「ケーススタディ法」をおこなう場合は、政治や宗教などを議題にすると感情的なディスカッションに発展しやすくなってしまうので、「地上で最強の動物は？」や「ラーメンとカレーはどちらが人気か？」などの平和な話題を選んだほうがいいでしょう。

【原因がわからないような事例】

「日本の少子化はなぜ進んでいるのか？」「長野県が日本で有数の長寿県なのはなぜか？」「日本が20年以上もデフレに苦しんでいるのはなぜか？」「アメリカが2つに分断されたのはなぜか？」など、すぐに答えが出そうもないトピックを選ぶと、やはりトレーニングの効果が出やすくなります。

このような議題を選ぶのは、私たちが「わかりやすい答え」に飛びつきやすい生き物だからです。

たとえば新型コロナがパンデミックを起こした直後から、ウイルスが蔓延した原因を特定するための犯人探しが盛んにおこなわれました。しかし、ウイルスの感染経路は非常に複雑なため、本当の発生源を特定するのは専門家でも困難でしょう。

それにもかかわらず、ネット上では「これは武漢《ぶかん》でつくられた人工ウイルスだ」などといった噂がまことしやかに拡散されました。**人間の脳は複雑な問題を考えるのを嫌うため、つねにわかりやすい結論を求める**ものなのです。

この傾向が高じると、最後は「陰謀論《いんぼう》」にたどりつきます。「世の中は全部ロスチャイルド家が動かしている」「電子マネーは金持ちに都合よく設計されている」「ノーベル賞は知識層が世界経済をコントロールするための手段」など、あたかも特定の権力者が世界を操っているかのような話を心から信じ込んでしまうのです。

世界の仕組みはとても複雑で、すぐに答えが出せるような社会問題はほとんどありません。この複雑さに耐えながら少しずつ確からしい答えに近づいていかねば、「わかりやすさの罠」からは抜け出せないのです。

ステップ2「事実を箇条書きにする」

ステップ2は、事実の箇条書きです。選んだ議題について、いまわかっている「事実」だけを大量にリストアップしていきましょう。

たとえば「消費税アップは意味があるのかないのか？」という議題について考えたいなら、事実のリストはこのようになります。

・消費税のアップが日本の経済停滞の原因だと主張する人がいる
・海外では消費税率が20％を超える国もある
・日本では1989年に導入され、そこから消費が落ち込んだとの意見がある
・消費税はお金持ちにとって有利な制度である
・消費税は国の借金返済や社会福祉のために使うと国は言っている

ここで大事なのは、**意見と事実を明確に書きわけてほしい**点です。

「消費税のアップが日本の経済停滞の原因だ」は誰かの意見ですが、「そう主張する人がいる」をつければ事実になります。**あくまで事実だけを書き出し、明確な証拠にもとづいた推論を進めていくのが「ケーススタディ法」の最重要ポイント**です。

ちなみに、この考え方はあなたの日常的なトラブルの解決にも使えます。

たとえば、「近ごろ彼氏からの連絡が少ない……。浮気しているんじゃないか」と疑惑を抱く女性がいたとしましょう。ここで何も考えずに「浮気してるの？」と相手を問い詰めてしまうと、彼氏との関係が一気に冷え込みかねません。

そんなときは、まずは現時点ではっきりしている事実を列挙してみます。

・最近、彼の部署が変わって忙しそうにしていた
・過去にも同じ時期に連絡が少なくなることがあった
・履歴を見ると私がイライラをぶつけたあたりから連絡の回数が減った

といったように、明確な事実だけをリストに書き出すわけです。

その結果、もしかしたら「たんに忙しいだけかもしれない」や「私のイライラをぶつけたせいで萎縮《いしゅく》している？」など別の視点が広がるはず。もちろん「やはりあいつは浮気している可能性が高い」という結論に落ち着く可能性もありますが、なんの手がかりもなく疑念を募らせるより具体的な対策を打ち出しやすくなるでしょう。

往々にして、**私たちは自分の気になっている状況ばかりに意識を向け、実際の状況が見えてこないことがよくあります。**そんなときに事実だけに目を向ける作業をおこなうと問題の見通

しがよくなり、よりよい決断ができる可能性が高まるのです。

ステップ3「事実を分析する」

ある程度まで事実があきらかになったら、最後に分析をおこないます。

分析手法はいろいろ存在しますが、第3章でお伝えした「ソクラテス式問答法」を使うのが一番やりやすいでしょう。

先ほど例にした「消費税アップは意味があるのかないのか?」を分析する際は、次のようになります。

・**事実**「消費税のアップが日本の経済停滞の原因だと主張する人がいる」
・**明確化の質問**「その主張はどのような流れを想定しているのか?」
・**答え**「消費税が上がるとみんなモノを買わなくなって需要が下がる。すると供給も減るので賃金が上がらなくなる」

「ケーススタディ法」の流れ

ステップ❶:事例を決める

物議をかもすような事例や、原因がわからない事例がおすすめ!

難しい問題でいこう!

ステップ❷:事実を箇条書きにする

事実だけを書き出し、明確な証拠にもとづいた推論を進めていく

ステップ❸:事実を分析する

「ソクラテス式問答法」をひとつの事実にくり返す

そのことを証明できるのか?

・**証拠の質問**「その流れを証明する証拠はあるか？」

・**答え**「過去のデータを見ると、消費税アップの直後から消費が低下し、賃金も上がらなくなっている」

・**視点の質問**「不景気について別のメカニズムは考えられないか？」

・**答え**「いまの日本は高齢化と人口減少が続いている。そのため需要が下がっている可能性もある」

このように、ひとつの事実について「ソクラテス式問答法」を何度もくり返しましょう。それで最終的な結論が出るとは限らないものの、「いま自分はなにを知っていて、なにを知らないのか」

や「この問題についていまどのような議論があり、どの意見が優勢なのか」などの理解は確実に深まります。そのくり返しが、あなたの脳にクリティカル・シンキングを育むのです。

トレーニング5

「ＷＯＯＰ＋Ｃ」

最後の「ＷＯＯＰ＋Ｃ」は、ニューヨーク大学の心理学者ガブリエル・エッティンゲン博士が開発した「ＷＯＯＰ」という目標達成の技法を、クリティカル・シンキングのトレーニングに応用したものです。

まずは「ＷＯＯＰ」による目標達成の方法を簡単に紹介します。

・ステップ1「願望（Wish）」

仕事やプライベートであなたが抱く希望や目標をくわしくイメージします。「毎日エクササイズをする」「YouTube動画を撮影する」など、日常的な内容でも構いません。

・ステップ2「成果（Outcome）」

ステップ1でイメージした願望の「ベストな成果」を思い描きます。「毎日エクササイズをする」が願望なら「健康になって最高の気分になる」や「体力をつけて仕事をバリバリこなす」がベストの成果になるでしょう。

・ステップ3「障害（Obstacle）」

ステップ2でイメージしたベストな成果を達成する際に、障害になりそうなものを思い描いていきます。「毎日エクササイズをしたいが、仕事が多くて時間がない」や「どの運動からスタートすればいいかわからない」などが障害になるでしょう。

・ステップ4「計画（Plan）」

すべてのステップをふまえて、最後に具体的な計画を立てます。「帰宅したらすぐ筋トレをはじめる」「筋トレをする気力がわかなかったら、トレーニング系の動画を見る」のように、「もしXが起きたらYをやる」といった形式で計画を立てるのがポイントです。

ご覧のとおり、「WOOP」は各ステップの頭文字をつなげた目標達成法です。とてもシンプルなテクニックながら、**エッティンゲン博士が20年にわたっておこなった研究では、このプロセスをふむだけでゴールの達成率が2倍に高まることが明らかにされています。**

WOOPの手法に「好奇心」をプラスする

「WOOP+C」は、この4つのステップに**「好奇心（Curiosity）」**をつけてクリティカル・シンキングに応用した、著者オリジナルの手法です。私が最近実際に使ってみた例をもとに、具体的な進め方をご紹介します。

・ステップ1「願望（Wish）」

まずはじっくり考えてみたい目標や願望の設定です。

私の場合は「YouTubeの再生数を上げたい」という願望を設定してみました。

・ステップ2「成果（Outcome）」

次は「YouTubeの再生数を上げたい」という願望に対して、私が望むベストな成果とは何かを考えます。

ここでは「手間を減らして、いまよりも再生数が増える」を設定しました。

・ステップ3「障害（Obstacle）」

このステップでは、「YouTubeの手間を減らして再生数を上げる」を実現する際に問題となりそうなポイントを考えます。クリティカル・シンキングを鍛えるという側面からは、もっとも重要なステップです。

ここでは、「YouTubeの再生数を上げるには、編集スタッフなどを入れたり、動画で話す内容をさらにブラッシュアップする必要があり、それだけ時間がかかってしまう」を障害に設定しました。

・ステップ4「計画（Plan）」

このステップでは、先ほど考えた障害を乗り越えてベストな成果に近づくにはどうすればいいかを考えます。

私の場合で言えば、「編集スタッフなどを入れたりせず、動画で話す内容を事前に用意せずとも、視聴者を満足させられるような方法はないか？」が、ここで考えるべき問いになります。

・ステップ5「好奇心（Curiosity）」

最後に、ステップ4の問いに対する解決策を考えます。決定的な答えを出す必要はなく、あくまで暫定《ざんてい》的な答えで構いません。

私のケースでは、「再生数を増やそうとすれば手間が増える」という障害について、最終的に「YouTubeで質疑応答のコーナーをつくる」との解決策にたどりつきました。

質疑応答であれば事前準備はいらず、その場で答えを考えるだけなので編集の必要もありません。さらには、視聴者のみなさんが抱く疑問に答えていけば、それだけ多くの人の役に立つでしょう。

「WOOP＋C」の流れは以上です。

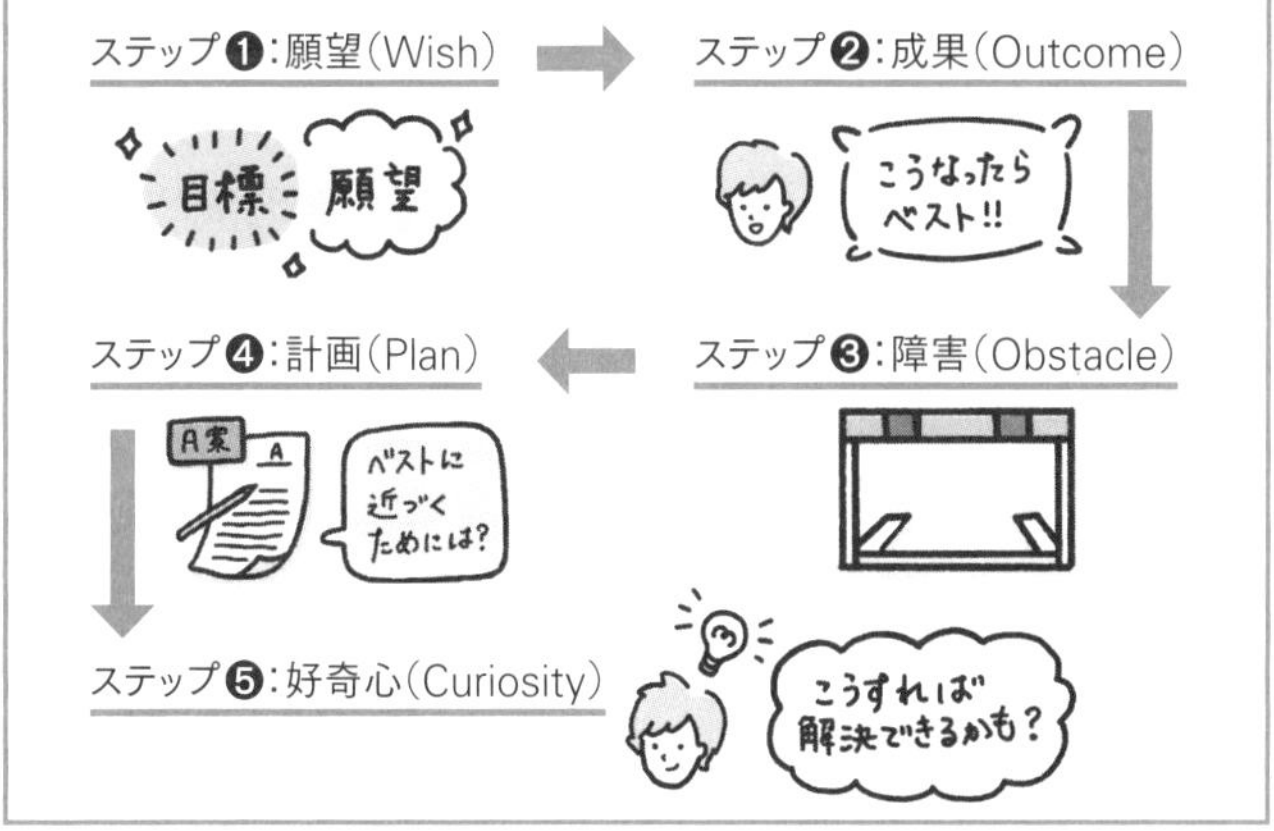
ステップ❶：願望（Wish）
目標
願望
ステップ❷：成果（Outcome）
こうなったら
ベスト!!
ステップ❸：障害（Obstacle）
ステップ❹：計画（Plan）
A案
A
ベストに
近づく
ためには？
ステップ❺：好奇心（Curiosity）
こうすれば
解決できるかも？
「WOOP＋C」の流れ

手はじめに「自分はなにを求めているのか？」をはっきりさせ、続いて「もしその目標が挫折するとしたら、どのような問題が起きそうなのか？」を推測して戦略を練る。

この一連のステップを追うことで、なんのフレームワークもなしに考えるより精度の高い意思決定が可能になるわけです。

幸い「YouTubeの質疑応答コーナー」の反響も大きく、大幅な視聴者増につながりました。

クリティカル・シンキングのトレーニングは手間がかかるものが多いですが、「WOOP＋C」は手軽なフレームワークなので、日常のトラブル解決などにも使いやすいでしょう。

クリティカル・シンキングを鍛える5つのトレーニング法まとめ

①弁証法的ライティング

テーゼ ＋ アンチテーゼ → ジンテーゼ

②CAT法

重要度の質問 →
印象の質問 →
混乱の質問 →
要約の質問 →
議題の答え

③CLS法

議論で思考力を
高める!!

④ケーススタディ法

事例 → 事実の書き出し → 事実の分析

⑤WOOP+C

願望 → 成果 → 障害 → 計画 → 好奇心

目標達成の技法をクリティカル・シンキングにも応用!!

第5章

〝悪いヤツら〟にダマされないための8つのクリティカル・シンキング

1日で江戸時代の1年分と同じデータ量を消費する現代人

情報量が日に日に増える現代。私たちが1日に受け取る情報の量は江戸時代の人たちの1年分とも言われるほどです。そんな時代においては、**おかしな情報に振り回されないための危機管理能力と、自分にとって役に立つ情報を取捨選択する分析能力が欠かせません。**つまり、クリティカル・シンキングです。

かの天才投資家ウォーレン・バフェットも言うように、「どんなに大きな数が並んでいても、最後にゼロをかけたらすべてゼロ」です。いかに成功を収めていても、ちょっと怪しい情報を信じただけでドン底に落ちかねないでしょう。

事実、ちょっとネットを見わたせば「このサロンに入れば月10万円の副収入は確実」や「YouTubeで好きに働いて月収20万円」といった怪しげな情報がいくらでも見つかります。私のところにも、「リスクがゼロの投資が……」のような話を持ち込んでくる人があとを絶ちません。さすがに「リスクゼロ」や「確実な副収入」といった話にダマされる人は少ないでしょうが、少し気を抜けばいつ足をすくわれるかわからないのが現代です。

そんな**悪質な情報の罠を避けて、本当に役立つ情報だけを選び抜くには、意識して日ごろからクリティカル・シンキングを実践するのがベスト。**本章からは、怪しい情報を見抜くためのポイントを8つに厳選してお伝えしていきます。

ダマされないポイント1

「議論を単純化する」

「この人、わざと話を難しくしているな……」

会話中にそう感じた経験はないでしょうか? 本来はもっと簡単に話せるはずなのに、「システムのシナジーが……」などと無闇に専門用語を使ったり、「この成分はスタンフォードの博士が基本を開発したあと、実験が難航したところをまた違う企業が検討をはじめて……」のようにまわりくどい言い回しをしたりと、結局のところなにが言いたいのかよくわからない人はどこにでもいます。

このようなパターンでは、相手がこちらを煙に巻こうとしているか、単純に中身がない人物なのか、どちらかであるケースがほとんどです。もしそんな人物に出会ったときは**「議論の単純化」**を試しましょう。

やり方はシンプルで、次の3つの質問のどれかを投げかけるだけです。

①「ひと言で言うと、どういうことですか?」

②「重要なポイント3つに絞って教えてください」

③「ポイントをたとえると、どういうことですか?」

アインシュタインがエネルギーと質量の方程式で示したように、本当に大事なことほどシンプルに表わすことができます。

数時間の議論を一行で表すとどうなるか? 要点を3つだけ抽出するとどうなるか? なにか類似の論点はないのか? 相手が本当に話を理解しているなら、これらの質問にすぐ答えられるはずです。

私も企業との打ち合わせがあったときなどは、

「その企画をひと言で表すとどういうことですか？」

「いまご説明をいただいたなかで、重要なポイントを3つだけ教えてください」

「要点をなにかにたとえることはできますか？」

といった質問をよく使います。**もしここで向こうが言いよどんだら、相手にも内容がよくわかっていないか、大事な情報を隠しているかのサイン。**どちらにしても危険性が高いので、深入りを避けるようにしています。

ダマされないポイント2

「定義の一貫性チェック」

「これは皆さんのためになる」「リスクはない」「さらなる利益追求のため」などと、こちらのメリットばかり伝えてくる人がよくいます。このようなタイプは、くわしく話を掘り下げていくと、過去にどこかで損害を出していたり、大事なリスクを隠していたりと、論旨が一貫しないケースがほとんどです。

「定義の一貫性のチェック」は、このような相手から身を守るのに役立つテクニックのひとつ。相手が筋の通った言葉づかいをしているかどうかをチェックするために使います。

もし怪しい相手に出くわしたら、ある程度まで話を進めたあとで、会話の序盤に出た大事な内容に関する質問をしてみてください。

「あ、そういえば、このプロジェクトで一番大事なことってなんでしたっけ？」

「最初におっしゃってた、あなたが一番可能性を感じているところはどこでしたっけ？」

といった具合です。

たとえば、私はいまオリジナルのワインをつくるべく、フランスのワイナリーで事業を進めています。その根本には「美味しいワインを知ってほしい」「自分でつくったワインを飲んでみたい」という思いがあり、この気持ちにゆらぎはありません。

すなわち思考の流れに一貫性があるため、もし私がワイン事業について聞かれても、つねに同じ返答をすることができます。

ところが、思考に一貫性がない人はその場しのぎの言葉を連発するため、同じ質問を投げても少しずつ答えがズレはじめます。**いまいち信用できない人がいたら、試しに1週間や1か月などの期間を空けて、同じ質問を投げかけてみてください。**少しでも答えが違うようであれば危険信号です。

これは**嘘を見抜くときにも効果的**で、浮気したとおぼしき相手には「そういえば3日前の飲み会は、最初にどこのお店に行ったんだっけ?」などと聞いてみましょう。一貫性のない人はその場かぎりの嘘やつくり話が多いため、「もう忘れちゃった」と言ったり、「あれ? 前も言わなかったっけ?」などとアタフタした様子を見せるはずです。怪しい人物と話すときは、最初の印象や重要ポイントを記憶するように心がけましょう。

ダマされないポイント3

「エビデンスの確認」

当たり前のことなのに、意外とやらない人が多いのが「エビデンスの確認」です。検証可能な証拠（エビデンス）が使えているかどうかをチェックするのも、相手の議論にダマされないための大事なステップです。

ビジネスをしていると、「この事業はいまのトレンドに乗っているので間違いありません」や「過去のデータから、必ずうまくいくことがわかっています」などと言ってくる人が一定数います。

しかし、京都大学の山中伸弥教授が「新型コロナのエビデンスなんてあるわけがなく、データが揃うころにはみんな感染している」といった趣旨のコメントをされていましたがまさにそのとおりで、未来に関するエビデンスなどどこにも存在しません。それにもかかわらず、「間違いない」や「必ず」といった言葉を使う人には気をつけて接するべきでしょう。

投資の世界でも、「過去に金《きん》の値段がこれだけ上がりました」「パンデミックの時代にはこれが伸びていきます」といったプレゼンをする人がいますが、すべては過去のデータから見た個人の予測にすぎません。このような人に出会ったら、次の質問を自分に投げかけてみるのがおすすめです。

・この人の発言はなにを証拠にしているのか？

・どこまでがエビデンスで、どこから先が予測なのか？
・発言内容はテストされているか？　再現性があるか？

怪しい話をしてくる人の大半は、証拠と予測をうまく切り分けないパターンがほとんどです。まずはどこまでこの区別ができているのかを掘り下げるのが、チェックのポイントです。

もちろん、なかにはエビデンスを集めようがないジャンルもあるので、その場合は効果テストをしっかりおこなっているかが重要になってきます。事前に再現性を確かめていない提案は考慮に値しません。

かつて私の本の新聞広告が出たときに、出版社から「今回の広告は効果がありました！」と言われたことがあります。この言葉に疑問を抱いた私は、効果を検証するために次の広告からはQRコードを載せ、その反応率で実際の効果を推定しました。すると、思ったとおり新聞広告の反応は媒体によって大きな差が見られ、なかにはまったく無駄な宣伝もあったのです。

このように、**エビデンスが得られない問題を検討する際は、「効果測定をおこなっているか？」と「他の選択肢との比較をおこなったか？」の2点は押さえておいてください。**

ダマされないポイント4

「空・雨・傘による推論のつながりチェック」

「推論のつながりチェック」とは、「AだからBであり、よってCになる」といったように、トピックごとの接続詞に無理がないかどうかを再確認する手法です。

一例として、「過去100年のあいだに大きな不況が10年ごとに起きた。だから、今後100年間でも10年周期で大きな経済変動が起きるはずだ」という説明があったとしましょう。

このケースでは「だから」という接続詞はなんの意味をなしていないにもかかわらず、会話の流れで耳にした場合は納得してしまう可能性が十分あります。

そこで、推論のつながりをチェックする際に使えるのが、**「空・雨・傘のフレームワーク」**と呼ばれる思考法です。マッキンゼーなどのコンサルティング会社が導入していることで知られ、推論の破綻を見抜く役に立ちます。

「空・雨・傘」とは、推論に欠かせない3つの要素を空模様にたとえたものです。

・空＝客観的な事実。「空は曇っている」「どしゃぶりの雨だ」「霧雨だ」など
・雨＝事実にもとづいた解釈。「空が雲に覆われているからひと雨きそうだ」「小雨が降っているが、空が明るいのですぐに止むだろう」など
・傘＝解釈にもとづいた判断。「傘を持っていこう」「風が強いからしっかりした傘を使おう」など

この3つの思考を追うことで、相手の推論がつながっているかをチェックしていくわけです。

最初の「空」のフェーズでは、天気の様子を観察して、客観的にどのような状態なのかをチェック。曇りなのか晴れなのか？　風向きは西なのか東なのか？　**まずは空をながめて〝正しい事実〟を認識します。**

当たり前の話に聞こえますが、最初の段階でまったく空を見ずに「傘を持つか持たないか」を適当に決めてしまう人は多いもの。「昨日は雨だったから今日も雨だろう」ぐらいの判断で、事実をろくにチェックしないまま推論を進めてしまうパターンです。

事実を把握したら、次の「雨」フェーズから推論に進みます。「空は曇りだから雨が降るだろう」「気温が低いので雨は夜ふけ過ぎに雪に変わるだろう」といったように、観察した事実から具体的な解釈を導き出すステップです。

このフェーズにおける解釈は人によって異なり、曇り空を見て「雨が降る」と考える人がいれば、逆に「問題はない」と判断する人もいるでしょう。

しかし、**ここで大事なのは、「この人は本当に空模様を見て判断したのか?」というポイントです。客観的な事実をベースにした推論でなければ、いかにもっともらしい解釈でも考慮に値しません。**「空」から「雨」にいたった解釈のラインがちゃんとつながっているかどうかが、最初のチェックポイントになります。

最終フェーズの「傘」では、さきほど出てきた解釈をもとに、最終的にどのような判断をしたのかを考えます。前の段階で「雨が降る」と推論したら「傘を持っていく」といった判断に落ち着く人もいるでしょうし、他にも「外出をしない」や「レインコートにする」など別の対策を思いつく人もいるでしょう。

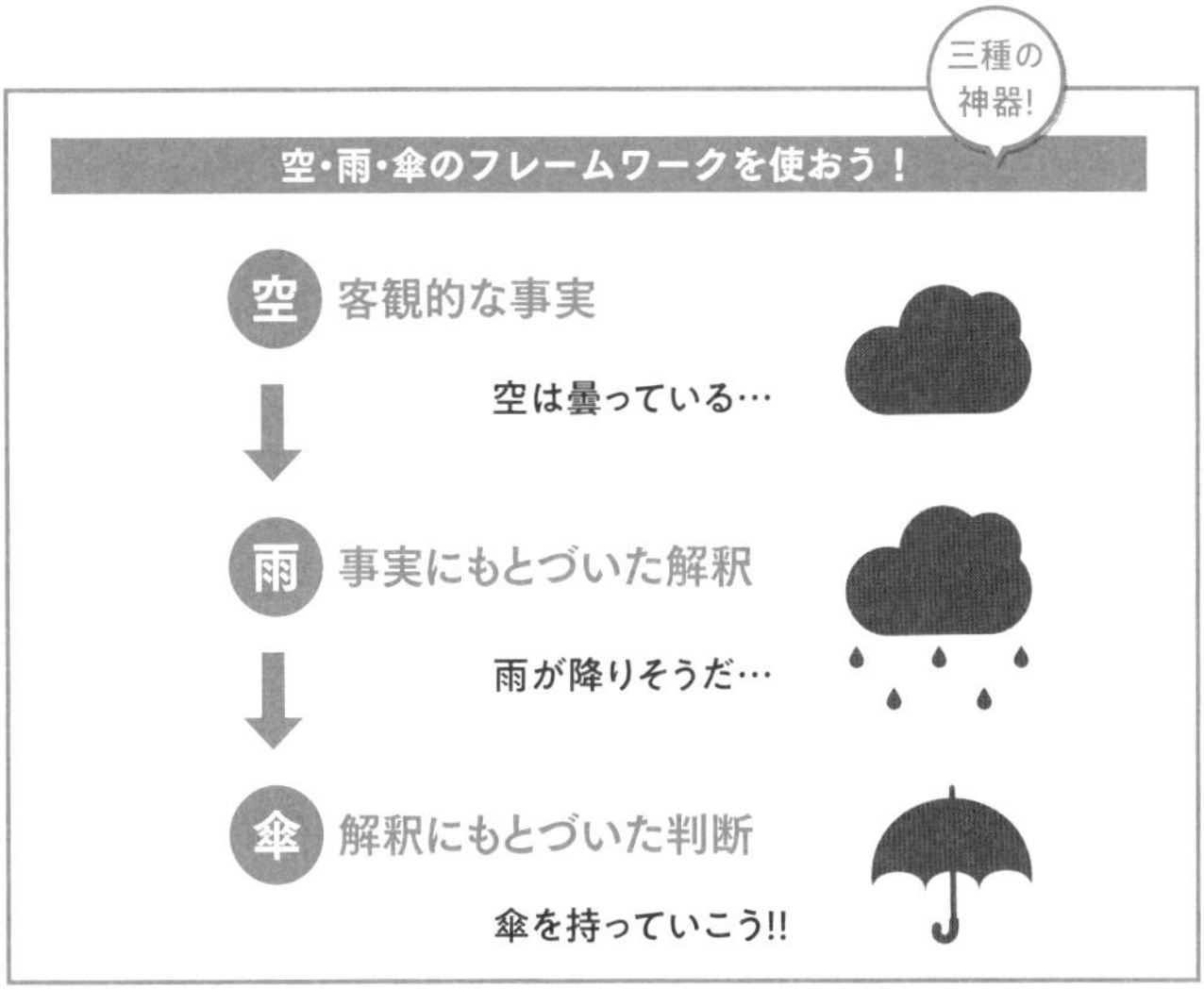
三種の神器!
空・雨・傘のフレームワークを使おう！
空 客観的な事実
空は曇っている…
雨 事実にもとづいた解釈
雨が降りそうだ…
傘 解釈にもとづいた判断
傘を持っていこう!!

こちらも**個人によって最終判断は異なるため、「先ほどの解釈をもとに対策を立てたのか？」かどうかがポイント**になります。まずは事実を確認し、そのうえで次の展開を推論し、そこから最後の結論にいたったのかどうかを確かめるのが最大のポイントです。

今後、自分が見かけた情報が正しいのか迷ったら、「空・雨・傘のフレームワーク」を使い、それぞれの条件を満たしているかどうかを確かめてみましょう。

「空」のフェーズを満たしていないなら、それは事実にもとづかない個人の解釈にすぎません。

「雨」のフェーズを満たしていないなら、それは事実と結論がつながらない破綻した論理かもしれません。

「傘」のフェーズを満たしていないなら、それはなんの解決にもつながらない無意味な結論だと言えます。

逆に**すべてのフェーズがつながっていれば、ひとまず推論としては成り立っていると考えていいでしょう。**お試しください。

ダマされないポイント5

「ワンウェイチェック」

「ワンウェイチェック」は「相手の主張は反対意見も考慮しているか？」を確かめる手法です。

ものごとを多角的にとらえる人は必ず反論を予想しながら結論を出すので、こちらの反論にビクともしません。

「そう思われるのも当然ですが、私はこう考えています」や「そのご意見には異なるデータがありまして」などと、即座に返してくるケースがほとんどです。

逆に言えば、反論を折り込んでいない発言をする人は、その時点で多角的にものごとをとらえていない可能性が大。自己啓発セミナーなどでは「願えばうまくいく。強い気持ちを持ち続けよう」のような主張をよく耳にしますが、ここには「願ったのにうまくいかなかった人の事例」や「そもそも『強い気持ちを持ってうまくいく』根拠」などが折り込まれていないため、ワンウェイチェックには不合格です。

慣れないうちは的確な「反論」は難しいので、最初は次のポイントに注意してみてください。

・レアリー（Really）の質問

相手の発言が事実なのかを尋ねる質問。「『願えばうまくいく』の具体例はありますか?」「『願えばうまくいく』を証明する証拠はありますか?」といったように、ひたすら発言の真実性を問うパターンです。

・ホワイソー（Why so?）の質問

相手の発言の根拠を尋ねる質問。先の自己啓発セミナーの例で言えば、「『願えばうまくいく』の根拠はなんですか?」「そこにはどんなメカニズムがあるのですか?」と聞くようなパターンです。

・ダウト（Doubt）の質問

相手の発言の不備や真逆の事例を持ち出す質問。「願ったのにうまくいかなかった人がいるのはなぜですか？　たとえばアウシュビッツに送り込まれた被害者は、自由になりたいと強く願ったはずですが？」と聞くパターンです。

ここで大事なのは、序盤の段階から向こうの主張を否定しないところです。「願えばうまくいく」と言ってきた相手に対して「そんなの間違いだろ」と言ってしまうと、こちらが向こうの誤りを証明する必要が出てきてしまいます。主張の当否はさておき、まずは根拠や事実の確認から掘り下げるのが反論のコツです。

また、慣れないうちは自分を相手に反論の練習をするのもおすすめです。

私もよく「セルフ反論」をおこなっていて、かつてYouTubeの配信活動を本格的にスタートした際は、こんな自問自答をしていました。

最初の思考「YouTubeは誰でもすぐにはじめられるし、自由に主張ができるから楽そうだ。やらない理由はないな」

反論1「YouTubeは編集するのに時間がかかるし、高いカメラを買わなければいけない。セッティングもあるし、コラボ相手を考えねばならないケースもある。これは大変な作業ではないか？」

反論2「再生回数が伸びればいいが、Googleのさじ加減ひとつで広告費が変動するはずだ。手間ひまかけたぶんは回収できるのか？」

反論への反論「どちらの反論も、『YouTubeは意外と手間がかかる』という前提が問題になっている。それなら、撮影はiPhoneだけで済ませて編集もしない、極力コラボは避けて自分ひとりでやればいいだろう」

このような練習を積むと、反論がうまくなるだけでなく、問題解決の糸口が見えてくることもよくあります。

相手の主張を確かめるためだけでなく、人生の問題に行き詰まったときなども、セルフ反論で自分の思考がワンウェイになっていないかを調べてみてください。

ダマされないポイント6
「承諾誘導をはがす」

私のもとには毎日のように魅力的な依頼が舞い込みますが、すべてを引き受けていたら時間が足りませんし、忙しさに流されると自分のやりたいことが見えなくなってしまいます。そのため、どれだけよさそうな依頼であっても、本当に有意義なのかを確かめねばなりません。

そんなときに私がよく使うのが、「承諾誘導をはがす」というやり方です。

相手に自分の主張を飲み込ませたいときに使われるテクニックで、ナチスの大衆扇動などにも使われたプロパガンダ手法の一部です。

その手法は多岐にわたりますが、代表的なものは次のようになります。

・権威の提示

人間が権威に弱いのは周知の事実。私たちの脳は情報の理解に使うエネルギーをできるだけ下げようとする傾向があり、「あれこれ考えずに、この人の言うことに従ったほうが楽だ」とつい考えてしまいます。

「あのスポーツ選手が使っている」や「インフルエンサーも愛用している」など、有名な人物を持ち出してくるのが典型的な例です。

・仲間意識の強調

「私とあなたはよく似た人間です」と強調する手法です。

アメリカの大統領選では、候補者が支持者の前でマクドナルドのハンバーガーを食べたり、地元の野球チームのキャップを被ったりする光景をよく見かけますが、これらの行動は、支持層との仲間意識を強調し、自分の主張を受け入れてもらうためにおこなわれます。

・文脈化

無関係なデータを並列させ、いかにも関係がありそうな印象を与える手法です。

たとえば最近のニュースだと、新型コロナ拡大のニュースを報じる際に、パンデミックの発生よりも前に撮影された満員電車の映像を、なんの脈絡もなく使った報道がなされたことがありました。人間が「密」になった映像と新型コロナの情報を組み合わせ、不安感を煽ろうとした演出だと思われます。

・バンドワゴン

たいていの人は周囲が支持するものに惹かれやすい心理を持っており、これは「バンドワゴン効果」と呼ばれます。ランキング上位に入った商品を買いたくなったり、ニュースで取り上げられた行列店に人が集まりやすいのもバンドワゴン効果が作用したおかげ。

この心理を利用して、「この商品は、発売直後から1万人が購入した」などと持ちかけるのがバンドワゴンのテクニックです。

どれもメディアやマーケティングの世界で日常的に使われるテクニックです。**これらの手法**

は人間心理の隙間をついており、普段から意識しておかないと知らないうちに相手の誘導に流されてしまいます。

承諾誘導をはがすには、具体的なメリットや中身についての説明を求めるのがベストです。

たとえば、相手が「このビジネス手法はGAFAも使っている」と持ちかけてきたとしましょう。「権威の提示」と「バンドワゴン」を組み合わせて、こちらの承諾を引き出そうとしてきたわけです。

ここでなにもしないと「そんな大企業も使っているなら間違いない」と思ってしまいそうですが、私の場合は「GAFAがやっているから私もやる理由がよくわかりません。GAFAを抜かして、その手法のメリットを教えてください」のように尋ねることにしています。

このように返すと、相手の話に丸めこまれたり、偽の情報に左右されにくくなるので非常におすすめです。

その他の承諾誘導のテクニックについては、第7章からも取り上げていきます。こちらも参考にしてください。

ダマされないポイント7

「信憑性チェック」

うまい情報を持ちかけられたら、まずは話の信憑性をチェックするのは当然のこと。その話はどこから出てきたのか？　話し手に別の意図はないか？　といったポイントを確認しておかなければ、本当に役立つ情報にはめぐりあえません。

信憑性チェックの際に押さえておきたいのは次の４つです。

（1）メインソースの信憑性をチェックする

（2）情報発信者の信憑性をチェックする

（3）情報発信の目的をチェックする

（4）情報発信者の前提をチェックする

それぞれ解説していきましょう。

(1)メインソースの信憑性チェック

ひとつめの**「メインソースの信憑性チェック」では、相手が話す内容の出どころを掘り下げましょう。**

たとえば、コロナ禍の初期に「55度のお湯が効くと武漢の医師が発表した」などと書かれた怪しいチェーンメールが拡散されました。このような情報は、もともとの情報が本当に武漢で働いている医師から発信されたものかどうかを調べれば、すぐに真偽が判明します。

そもそも拡散された内容には医師の名前もないですし、「本来なら国やメディアを通して発信されるべき情報が、なぜ個人のメールやSNSから拡散されたのか?」と考えれば、すぐにいたずらだとわかるはずです。

怪しい投資話を持ちかけられたときなども同じで、もし「年間で10%の利率がつくけど、ど

う？」などと誘われたときは、

「その話のメインソースはなんですか？」

「どこの運営会社がやっているのですか？　その会社には定評がありますか？」

「その会社はどんな受け手を想定しているんですか？」

などの質問を相手に投げかけていきます。

投資会社は手数料で儲けているわけですから、年10％もの儲けを出せるなら、その会社は15％～20％の儲けを出していなければつじつまが合いません。本当にそんなパフォーマンスを出せるなら、世界中から資金が集まるでしょう。それならば、個人から数百万円レベルの金を集めるより、銀行から融資を募ったり、世界の富裕層をターゲットにしたほうが確実なはず。個人にそんな儲け話が来る意味がわかりません。

つまり、「メインソースの信憑性チェック」で心がけておくべきポイントは、次のようになります。

・そもそものメインソースはあるのか？
・メインソースがあった場合は、どこで確認できるのか？

- **情報の出どころは信頼できるものか？**
- **専門家と一般人のどちらを対象にした情報なのか？**

これらの点をチェックしておけば、たいていのフェイクニュースや詐欺商法には引っかからないはず。「メインソースの信憑性チェック」は非常に大切な習慣なので、ぜひ覚えておいてください。

(2)情報発信者の信憑性チェック

続いて、**情報発信者の信憑性そのものをチェック**しましょう。話し手に信頼性はあるのか？　その分野の専門家なのか？　その分野を扱うだけの専門的な知識はあるのか？　などの信頼性を掘り下げていきます。

かつて、私のもとに「有名な研究者が効果を証明したサプリがある」との話を持ちかけてきた人がいました。そこで、その研究者の名前を確かめてみたところ、確かに有名な人物ではあったものの、その実験に出資したのがサプリを販売する会社だったことがわかりました。もちろんサプリの会社が出資者だからといってデータが否定されるわけではありませんが、利害関係がある場合は、どうしても公正な結果とは言えなくなります。

さらに身近な例としては、「インフルエンサーが推奨する職業や商品に憧れる」といったパターンも、「情報発信者の信頼性チェック」の視点からはNGです。そのインフルエンサーが特定の業界にくわしいのか否かという問題もありますし、そもそも大多数の人は自分の成功体験をもとに情報をすすめてくるからです。

ユーチューバーとして成功した人は「YouTubeで自由な働き方をしよう！」と推奨するでしょうし、特定のサプリで体調がよくなった人はその商品を「確実に効く！」などと持ち上げるでしょう。しかし、どちらも個人の経験をベースにした体験談でしかなく、信頼性の点では問題があります。

なにかいい話を持ちかけられたら、とりあえず「利益相反はないのか？」と「個人の体験談をベースにしていないか？」の2点は必ずチェックしておきましょう。

（３）情報発信の目的チェック

３つめの**「情報発信の目的チェック」**では、**この相手はどのような動機で情報を出してきたのかをチェック**していきましょう。向こうが出してきた情報の目的を考えると、裏が見えてきます。

不動産会社が投資の勉強会を開くケースがよくありますが、これなどは「どのような動機があるのか？」と考えればすぐに裏がわかるでしょう。会社側はこちらに不動産を買ってほしいわけですから、最終的にはマンションなどへの投資をすすめる内容に変わっていくはずです。

他にも、環境保護活動の例があげられます。

近年は一部の環境保護活動が過激化する事件が増えており、マグロ漁をおこなう企業を糾弾すべく血に飢えたサメの扮装をしたり、かわいらしいキャラが惨殺されるイメージ映像をつくったりと、思わず眉をひそめてしまうキャンペーンが増えているのです。

このケースでも、**「ここにはどのような動機があるのか？」を考えれば、すぐに答えが出る**

でしょう。

本当に地球の環境を守りたいのであれば、正しいデータで違法なマグロ漁の発生率を示し、それによってどれぐらい生態系が損なわれたのかをアピールしたほうが建設的なはずです。それにもかかわらず過激な手段を優先するのは、共感力が高い人たちの感情を煽り、寄付金の額を上げるのが目的だからです。

実際のところ、少し調べてみれば、彼らのような過激派のせいで一般的な環境保護団体と漁業界の協調性が損なわれてしまった事例はいくらでも見つかります。地球環境の保護はいいことですが、一部の過激派にとって環境破壊は飯の種でもあるわけです。

うまい話を持ちかけられたときは、頭のなかでいちど情報発信の目的を考えてみてください。ものごとを冷静に見られるようになるはずです。

(4)情報発信者の前提チェック

最後は、**情報を持ち出してきた人がどのような前提で動いているのかを掘り下げましょう。**

具体的なチェックポイントには、以下のようなものがあります。

・過去にその人がどういう発言をしているか？
・その人にはどんな好みがあるか？
・その人は特定の偏見を持っていないだろうか？
・その人はどのような背景でものごとを語っているのか？

これらのポイントが大事なのは、基本的にすべての情報発信者はなんらかの偏見や好みを持っているからです。

保守的な政治思想を持っている人は自民党やトランプ元大統領に有利な情報ばかりを提示するでしょうし、新しいものが好きな人は最新のガジェットを推奨してくるでしょう。このような好みと偏見を頭に入れておかないと、偏った情報しか得られないことになります。

たとえば、筋トレ系のユーチューバーが「200種類のプロテインのうちどれが最高かを検証してみたら、ノンフレーバーのホエイプロテインがベストでした」と話す動画を投稿したとしましょう。この場合は、次のように疑問を重ねていきます。

好みの疑問「この人がノンフレーバーを選んだ背景はなんだろうか？」

↓「『無添加であるほどいい』という前提があるからではないか？」

↓「それでは、その前提は正しいのだろうか？」

偏見の疑問「この人は過去にホエイプロテイン以外を取り上げたことはあっただろうか？」

↓「取り上げていないとすれば、大豆プロテインやエッグプロテインに注目しない理由はなんだろうか？」

前提の疑問「そもそも、筋トレをする人は絶対にプロテインが必要なのだろうか？　食事だけでタンパク質は十分ではないのだろうか？」

↓「なんの疑いもなく、タンパク質摂取にはプロテインが最高だと考えていないだろうか？」

このように、情報発信者の「好み」「偏見」「前提」という3つを考えるだけでも、かなりダマされにくくなるはずです。

信憑性チェックの4つのポイント

もう
ダマされ
ない！

①メインソースの信憑性をチェック！

相手が
話す内容

→ 掘り下げ →

メインソースは？
信頼できる？

②情報発信者の信憑性をチェック！

→

話し手に信頼性は？
利益相反は？
体験談をベースに
してないか？

③情報発信の目的をチェック！

WHY?

→

相手はどのような動機で
話してきたのか？

④情報発信者の前提をチェック！

→

相手の好みは？
偏見は？
前提は？

ダマされないポイント8

「代替案を探す」

　ここまでのポイントをすべて守ったとしても、やはり「うまい情報」には心がなびくのが人間です。あなたがいまお金に困っていたり、人間関係で問題を抱えていたりと、厳しい状況に置かれている場合などは、冷静な判断ができなくなってしまうこともあるでしょう。

　そんなときに試してほしいのが「代替案を探す」という習慣です。**「これをやろう」と決めたあとでもいったん立ち止まり、「もっといいやり方があるんじゃないか？」「もっといい選択があるんじゃないか？」と少し考えてみる**のです。それだけでも私たちの脳内ではクリティカル・シンキングの機能が働き出し、よりよい選択ができるようになります。

　代替案が大事なのは、人間には自分に都合のいいことしか見ない性質があるからです。心理学の世界では「確証バイアス」と呼ばれる現象で、いったん「これは確実だ」と考えてしまうと、多くの人はその決断に有利な情報しか集めなくなります。

「最新のiPhoneを買おう」と決めたら、たいていは「カメラの進化」や「速度の向上」といったいいニュースにばかり目がいってしまうでしょう。この心理にハマったあとは、たとえあとでなんらかのバグが報じられても、「小さな問題だ」と考えてネガティブな情報を追いかけようとはしなくなります。

さらに言えば、次のような例もありがちです。

・第一印象で「この人は頭がいい」や「性格がいい人だな」などと思ったせいで、その人物がなにをしても優秀に見えてしまう

・いったん相手を「クリエイティブな人だ」と思い込むと、向こうがどんな変なことを言っても「やはり天才は言うことが違う」や「普通の人とは視点が違う」などと解釈してしまう

現実には、どんなに頭がいい人でも判断を違えることはありますし、創造的な人でも平凡な発言はします。しかし、いったん好意的なジャッジを下すと、自分にとって都合がいいことばかり目に入ってしまうのです。

今後、あなたが「この判断は間違いない」と思ったときは、試しに次の2つの方法で代替案を探してみてください。

(1) キャラクターを変える

(2) リソースを変える

最初の「キャラクターを変える」は、自分とは異なる人物の視点に立ちながら、2番手3番手の答えを考えてみるテクニックです。

「スティーブ・ジョブズだったらどう考えるだろう?」「アインシュタインはなんと言うだろう?」などと偉人の視点を想像してもいいですし、周囲の尊敬できる人をイメージしても構いません。私の場合は「弟だったらどう考えるだろう?」や「会社スタッフだったらどう思うだろう?」のように、肉親や友人の視点で考えるようにしています。

とてもシンプルなテクニックですが、その効果はバカにできません。

多くの実験により、「あの人だったらどう考えるだろう?」と考えるだけでも、第一印象の思い込みから抜け出して正確な判断の確率が上がることがわかっています。「この答えで間違いない」と思っても、そこで少し立ち止まって「あの人だったらどう思う？」と考えるクセをつけてみてください。

もうひとつの「リソースを変える」は、文字どおり、あえて違う情報源にアクセスする手法です。

調べものや勉強をするときなどは、立場や考えが違う人の本を最低でも3～4冊まとめて買ってみましょう。

たとえば糖質制限について調べたいなら、「炭水化物は食べるな」という主張の本と、「炭水化物は食べたほうがいい」と主張する本をまとめて買うわけです。

こうすることで、どっちの推論のほうがより説得力があるか、どちらに論理矛盾があるかがわかりやすくなります。

他にも、新聞を読むなら国内のものだけではなく、海外のものも読むようにすると、第三者の客観的な視点が入って冷静な判断につながるでしょう。

とにかく大切なのは、いろいろな立場のものを比べてみることです。セカンド・オピニオンで満足せず、フィフス・オピニオンまで掘り下げてみましょう。

ダマされないための8つのポイントまとめ

ポイント①　議論を単純化する

相手「○○は△△で、加えて□□…」 → 「ひと言で言うと？」

ポイント②　定義の一貫性チェック

後半で

相手「リスクはない」「皆さんのためになる」 → 「一番大事なことって？」

ポイント③　エビデンスの確認

相手の発言 → 証拠は？

ポイント④　空・雨・傘による推論のつながりチェック

「相手の推論は成り立っているか?」 → すべてのフェーズでつながっているか？

ポイント⑤　ワンウェイチェック

一方通行ではない?

「相手の主張は反対意見も考慮しているか？」

ポイント⑥　承諾誘導をはがす

権威　はがそう!

具体的なメリットや中身についての説明を求める

ポイント⑦　信憑性チェック

うまい話 → 4つのポイントでチェック！

ポイント⑧　代替案を探す

ちょっと待って!

「この判断は間違いない!」 → キャラクター、リソースを変える

第6章

頭ひとつ抜けた説得力が手に入る「欠陥論理」の8パターン

なぜ「欠陥論理」を学ぶだけで説得力が身につくのか？

本章からは「欠陥論理」を中心にクリティカル・シンキングをさらに深めていきます。**「欠陥論理」とは、冷静に考えるとおかしいにもかかわらず、そのまま話が進んでいくような議論のこと**で、たとえば次のような人を見かけたことはないでしょうか？

- 「うちの会社は人手が足りないんだよ」と言っておきながら、すぐに「人件費がかかりすぎている」と言ってくる経営者
- 選挙演説で「税金が高すぎる。私が無駄を減らします」と言ったそばから、「税収を上げて福祉に回すべき」などと公約を発表する政治家

どちらも前段の話を後段ですぐに否定しているため、2つのトピックがうまくつながってい

ません。テレビの討論番組などでよく見かけるタイプの議論です。

欠陥論理のパターンを知ることで得られるメリット

このような欠陥論理にはいくつかの定番パターンが存在し、すべての内容を知っておくと次のメリットが得られます。

・説得力が身につく

人間は論理思考が苦手なので、気を抜くと自分でも気づかぬうちに欠陥論理を使ってしまうケースがよくあります。しかし、事前に欠陥論理のパターンを押さえておけば、論理の穴をすぐにカバーできるようになり、説得力の高い議論が可能になります。

・論破がうまくなる

世の多くの人は、ほとんど自分の欠陥論理に気づかないまま話を進めていきます。そこで欠陥論理の存在を知っていれば、「あなたの言っていることには、こういう矛盾があります」と即座に指摘できるでしょう。

私もよく「頭の回転が速いですね」などと言われますが、実際にはそこまで認知機能が優れているわけではありません。ただ欠陥論理の定番を知っているため、おかしな点に気づくのがうまいだけなのです。

欠陥論理の存在を知っておけば、それだけであなたは理屈の穴に気づけるようになり、周囲から抜きんでた存在のように見られるはず。これから紹介する代表的な8つのパターンをぜひ押さえてみてください。

欠陥論理パターン1

「矛盾」

数ある欠陥論理のなかでも、「矛盾」はもっともよく見かけるパターン。**同じ議論のなかで**

正反対の情報が示されることを意味します。

「ここでは静かにしなさい！」と大声で叫ぶ人や、「この文章は嘘である」のようにパラドックスをはらんだ文章などが代表的な例です。

そう言われると簡単に察知できそうな気もしますが、話の流れで出てきた場合にすぐ気づくのは難しいものです。

たとえば、私が近ごろ耳にしたケースで、「保護猫を救いたいから猫カフェをはじめ、そこで猫を引き取っている」とおっしゃる経営者がいました。その志はすばらしいのですが、一方でその人はこんな発言もしたのです。

「猫で金を稼ぎたくないので、猫カフェは黒字にしたくない」

なんとも困った矛盾です。本来の目的を効率よく達成したいなら、できるだけ猫カフェで儲けて資金を稼いだほうが救われる命の総量は増えるはずでしょう。ところが「金儲けは悪だ」という間違った前提にとらわれたせいか、一番の目標を自分でダメにしてしまったわけです。

同じような例はとても多く、「社員の幸せと笑顔がもっとも大切、カネは二の次」などと言いながら、部下には「もっと利益を出せ」とはっぱをかける経営者などもよく見かけます。

「矛盾」の例をもう少し見てみましょう。

例「この世界で唯一確実なのは不確実性だ」

↓不確実性の定義は「確実でない」ことなので、自己矛盾が起きています。ただし、皮肉な表現としては有効な場面もあります。

例「現代の企業はもっと個性の強い人材を集めなければならない。みんなで個性を伸ばして行こう！」

↓みんなで伸ばそうとしている時点で個性ではありません。

例「差別をする人間は最低だ。差別をする者は断固拒否する」

↓差別をする人間に対して差別をしてしまう事例です。

例「自分の頭で考えろ！」

↓自分の頭で考えるように指示されたら、自分の頭で考えたことになりません。

例「あの会社はつねにオリジナリティが高いことをしている。よし、真似してみよう」
↓真似した時点でオリジナリティは失われます。

例「私ほど謙虚な人間は他にいない！」
↓説明するまでもないですね。

このようなケースを見逃さないように、「同じ議論のなかで正反対の情報は示されていないか？」や「言っていることとやっていることが違っていないか？」といったポイントに注意を向けておくといいでしょう。

欠陥論理パターン2 「偶然」

「偶然」とは、その議論が例外にもとづいていることに気づけていないか、または認識しなが

らもその事実を隠しているパターンの論理です。

たとえば、広告代理店の人からこんなことを言われたことがあります。

「テレビに広告を出してから商品の売り上げが格段に上がりました。すごい効果です」

確かにテレビ広告の効果が出た可能性はあるでしょうが、この情報だけでは本当の影響力を判断できません。同時にネット広告を出しているかもしれないし、SNSで芸能人がつぶやいた可能性も否定できないからです。

それなのに、さもテレビ広告と売り上げの因果関係が証明されたかのように言ってくるのは、欠陥論理以外のなにものでもありません。

他にも、私が出会った「偶然」の例を紹介します。

例：知人から「この人はベストセラーを連発している敏腕編集者です」と紹介される

↓本当にベストセラーを10冊出していても、いざ調べてみたら1000冊を担当して10冊当たっていただけだったようなケースはめずらしくありません。これでは、100冊出して1冊当たっている編集者と打率は変わらないでしょう。担当した冊数をもとにしたヒット率がわからないと、本当に敏腕なのかは判断できません。

例：高齢の経営者から「私が手がけてきた事業はすべて大成功に終わった」と言われる

↓日本が好景気だった時代は、デフレが続く現代より事業がうまくいきやすい傾向がありました。たまたま時代の流れにマッチしただけの可能性があり、失礼ながら本当に経営能力が高いのかは判断できません。

例：業者から「このサプリを飲んだら数日で不調が改善しました」と言われる

↓サプリを飲んで体調が改善したのは、その前からすでに体力が回復しつつあったタイミングで使ったからなのかもしれません。健康食品の世界では、よく見かけるやり方です。

どの発言も、「たまたまいい結果が出ただけでは？」という疑いを否定できるだけの根拠を提示していません。偶然の要素を取り除いて精度の高い答えを出すには、より綿密な実験が必要です。

もうひとつ、経営コンサルタントのタイラー・ビゲンが集めた「偶然」の事例も紹介しましょう。ビゲン氏は、あらゆるデータベースから複数の統計情報を集め、「偶然」の力を使えば偽の因果関係を簡単に導き出せることを示しました。

具体的には、次のようなものです。

・ニコラス・ケイジの映画がリリースされる数と、年間にプールで発生する溺死者の数には66・6％の相関性がある
・アメリカの自動車の販売数の増加と、米国内の自殺者数には93・5％の相関性がある
・アメリカ・メーン州の離婚率と、全米のマーガリン消費率の間には99・26％の相関性がある

言うまでもなくこれらの関係性はただの偶然であり、2つの現象にはなんのつながりもありません。しかし、さまざまなデータを大量に組み合わせれば、いつか必ず相関関係の高いペアが見つかるものなのです。

なにかいい話を聞いたときは、「それは偶然ではないか?」と考えてみるクセをつけておくのがおすすめです。

「偶然ではないか？」と考えるクセをつけよう

実際にこんな例も…

**ニコラス・ケイジの映画がリリースされる数と
年間にプールで発生する溺死者の数**

→ **66.6%の相関性がある！**

**アメリカ・メーン州の離婚率と
全米のマーガリン消費率**

→ **なんと99.26%の相関性！！**

ただの
偶然は
山ほどある!

欠陥論理パターン3

「偽要因」

因果関係の順番を混同してしまう、または複雑な原因を過度に単純化するタイプの議論です。

因果関係の順序を間違えてしまう例として、「人工甘味料は太る」という仮説について見てみましょう。

これは数年前に流行した考え方で、ある大規模な調査で、アスパルテームやスクラロースといった人工甘味料をよく使う人たちを調べたところ、人工甘味料を使わない人よりも体脂肪が多い傾向が確認されたのです。

ご存じのとおり、人工甘味料にはほとんどカロリーがふくまれていないため、体型への影響はないと思われていました。それなのにデータでは真逆の結果が出てしまったため、ダイエットの世界では「カロリーゼロの甘味料でも人間は太る！」と大騒ぎになったわけです。

ところが、さらに研究が進むと事態は一変しました。複数のメタ分析が、人工甘味料と肥満には関係がなく、それどころか体重を減らす作用があると報告したからです。

メタ分析は複数の研究データをまとめて大きな結論を出す手法のことで、より信頼のおける判断が可能になります。どうやら「人工甘味料でも太る」という考え方は間違いだったようです。

それでは、なぜ初期の調査では「人工甘味料を使う人ほど太っている」との結果が出たのでしょうか？

よく考えてみれば当たり前の話です。人工甘味料をよく飲むような人は、自分の体型を気にしてゼロカロリーの商品を選ぶ可能性が高いはずでしょう。そんな人たちがたくさん集まれば、データ上は「人工甘味料をよく使う＝肥満が多い」といった傾向が確認されて当然です。つまり、**「人工甘味料を飲むから太る」のではなく、「太った人ほど人工甘味料をよく飲む」が正しい因果関係だった**わけです。

これが「偽要因」です。**本当は「Xが起きた結果としてYが起きた」が正しいのに、「Yが原因でXが起きた」と思い込んでしまう現象**はめずらしくありません。

その他、偽要因には次のような例があります。

例：「ひたすらキャベツを食べたら、どんどん痩せていった。これはキャベツにふくまれるポリフェノールが理由だ」とのニュースが雑誌に掲載された

↓キャベツはカロリーが低いので、それだけを食べていれば痩せる確率は高くなって当然です。ポリフェノールが作用した可能性も否定できませんが、より精度の高そうな説明があれば、そちらを優先すべきでしょう。本当の原因の、たまたま近くにあった要因を取り違えてしまうのも「偽要因」によく見られるパターンです。

例：「複数の研究により、更年期の女性がホルモン補充療法をおこなうと心疾患のリスクが少なくなる傾向が示された。そのため、多くの医師が『ホルモン補充で女性は健康になれる』と考えた」

↓かつて実際にあった事例です。報道のおかげでホルモン補充は大きな注目を集めたのですが、その後、別の研究チームがデータを再分析したところ思わぬ結果が確認されました。ホルモン補充療法で心疾患リスクが減った人たちは、じつは食生活が健全で運動量も多かったのです。これまた本来の原因を取り違えた典型例と言えるでしょう。

「偽要因」は訓練を受けた科学者でも間違うことがあるので、これといった対処法がないのが難点です。とはいえ、**なにか常識に反した情報や定説をくつがえすような情報を見かけたら、「もしかして偽要因では?」と疑ってみて損はありません。**

欠陥論理パターン4
「論点先取」

「論点先取」は、**自分の発言の正しさを証明するために、その結論を前提として使うタイプの論理**です。ちょっとわかりづらいので、私が過去に実際に遭遇した具体的な会話の例を見てみましょう。

・事例1「ある教育者との対話」

教育者「いまの学生は教養がないから、難しい問題への応用が効かないんです。そのためには教科書を一から十まで読んで、基本的な教養を身につけさせるべきでしょうね」

私「先生がおっしゃる〝教養がある〟とはどのような定義になりますか？」

教育者「うーん、教科書に書いてあるようなことは、すべて基礎知識として知っているということですね」

私「教科書に書いてあるようなことをすべて知るには、どうすればいいと思われますか？」

教育者「………」

・事例2「ある経営者との対話」

経営者「いまの若い人たちは、失敗を恐れすぎている印象がありますね。私が若いときは当たって砕けろの精神で、もっと時間をかけてどんどん営業をかけていたもんですよ」

私「失敗を恐れすぎないためには、どうすればいいとお考えですか？」

経営者「何件もアポを取って、営業に出かけると慣れるもんですよ」

私「失敗を恐れてアポが取れない状態なのに、何件もアポを取るのは難しいと思いますが？」

経営者「………そこは、当たって砕けろですよ」

どちらの対話も結論が話の根拠として使われており、このまま会話を進めても堂々巡りが続くだけです。**このタイプの話し手に出会ったら、「原因と結果が同じになっています」とやんわり指摘してあげてください。**

欠陥論理パターン5
「言い逃れ」

「言い逃れ」は意図的に話題を変える話法のことで、一般的な生活でもよく見かけます。

いくつか具体例を見てみましょう。

上司「なんで発注ミスなんかしたんだ？　個数が2倍も違うじゃないか？」
部下「お言葉ですが、そういうあなたも先週、企画書の締め切りを間違えたじゃないですか。

それに2倍と言いますが、そこまでの大きなズレはありませんよ」

上司はあくまで発注ミスの原因を尋ねているのに対し、部下は「上司にもミスがある」と話題を変え、さらには「2倍」という数字にだけフォーカスした議論に切り替えました。批判を相手のせいにしてすり替えるのは「言い逃れ」の定番パターンです。

類似の例として、このようなケースもよく見られます。

妻「なんで浮気なんかしたの？」

夫「お前が忙しくしてるから、寂しくなったんだよ」

妻は夫が浮気した原因を尋ねているのに、夫は「妻の行動」を問題点にすりかえて、あたかも相手が悪いかのような印象を生んでいます。

さらには、相手の言葉を「より大きな一般論」にすり替えるのも、よく見かけるやり口です。

A「SNSで政治家に暴言を吐いても意味がない。暴言は多くの人に嫌われるし、そもそも政治家は個人の投稿なんて見ないだろう」

B「そうは言っても、表現の自由があるからね。暴言とはいえ、自由に投稿する権利は守られるべきだ」

Aさんの論点は、「暴言は嫌われやすい」と「政治家は個人の投稿を見ない」の2つです。ところがBさんは、「表現の自由」という一般論に話をすり替え、Aさんの言葉を無効にしようと試みています。

どちらも文章で読むと論点のすり替えがわかりやすいものの、普段の会話でこれをやられると気づくのは難しいでしょう。

普段から「そもそもの話からズレていないか？」と意識しておき、**もし「言い逃れ」を察知したら、「私はXについて話しています。Yの話題は関係ありません」とストレートに切り出してください。**

欠陥論理パターン6

「無知の議論」

自分の主張が正しいのは、その反対が証明できないからだと主張するパターンです。

これもよく使われる話法で、「Xは間違いだと証明できないのだからXは正しい」や「Xは正しいと証明できないのだからXは間違いだ」といった形を取ります。

なかでも見かけやすいのはオカルトの世界で、たとえば次のような主張が代表的です。

「UFOが地球を訪れていないという説得力のある証拠はいまだに見つかっていない。したがってUFOは存在し、宇宙の他の場所に知的生命体がいると考えられる」

「世界の金融をロスチャイルド家が動かしていることを確実に否定する証拠は存在しない。その点を考えると、やはりロスチャイルド家が世界を牛耳っていると考えるのが自然だろう」

証拠の不在は、存在の証拠にはなりません。どちらも「まだ証明されていない」という事実を悪用して、自分の主張を正当化しているわけです。

より日常的な例も見てみましょう。

かつて私が健康食品の販売員と交わした、実際の会話例です。

販売員「この新しいサプリは疲労感や脳機能の改善に効果があるんですよ」

私「効果を確かめたデータはどれぐらいあるんですか?」

販売員「このサプリで悪影響が出たという証拠はないし、健康被害の報告もゼロです。まったく問題ありません」

健康被害が報告されてないからといって、それでサプリの安全性が証明されたことにはなりません。新しいサプリなのでまだユーザー数が少なく、そのせいで被害が出ていないだけの可能性もあるからです。

さらに、そもそも私は「検証データの有無」を尋ねたのに、販売員は「サプリの悪影響」の話にすり替えています。**「無知の議論」**に**「言い逃れ」**を組み合わせた**ダブル欠陥論理**と言えるでしょう。

欠陥論理パターン7

「合成と分割」

「合成」は「ある部分がXだから、全体もXだ」という話法のこと。「分割」は「全体がXだから、ある部分もX」という話法のことです。

少し前に、ベジタリアンを推奨する人とこんな会話をしたことがあります。

私「ベジタリアンが健康的なことを示すデータはたくさんあります。しかし、そうは言っても野菜中心だとタンパク質が摂りづらいし、ビタミンB12も不足しがちだから、注意しなくてはいけませんよね？」

相手「いや、野菜は食物繊維が豊富でビタミンもたくさん摂れるし、健康的なのは間違いないでしょう。ベジタリアンがもっとも身体にいいのは確実です」

確かに野菜にはいいところがたくさんあり、健康の維持に役立つのは事実です。**しかし、食物繊維やビタミンが豊富だという点だけをもって「野菜だけの生活が最高だ」と言いきるのは無理**でしょう。「ある部分がXだから、全体もXだ」の構造にピタリと当てはまっています。

ひとつの事例で全体を結論づけてしまうのは、マスコミの世界でもよく見かける光景です。

たとえば、ここ数年で問題になった「子宮頸がんワクチン危険説」は「合成」の典型例です。

大手新聞が「子宮頸がんワクチンを使うと重大な副作用が出る」と報道し、これにテレビが追随した結果、最終的には国が積極的勧奨の中止を決める事態にまで発展した問題です。

しかし、よくよく調べてみると、子宮頸がんワクチンによる悪影響にはほぼ相関がなく、副作用が出たとしても大半がすぐに回復することがわかってきました。事実、ワクチンを義務づけた先進国でも副作用の報告はほとんどなく、逆に子宮頸がんがほぼ根絶されたケースもめずらしくありません。

つまり、かつて報道された副作用はごくまれな事例であり、マスコミは少しの症例だけをもって子宮頸がんワクチンを悪のように扱ったことになります。近年は一部のマスコミでも子宮頚がんワクチンを推奨する報道も増えてきましたが、世間に広がったマイナスイメージはまだ消えていません。

続いて「分割」の例も見てみましょう。「分割」はヘイトスピーチなどでよく見かける話法で、次のような主張が典型的です。

「あの地域は暴力事件が多い。やはり貧しいところに住んでいるような人は素行が悪いんだ」
「あの学校は偏差値が地域でも最低だから、そこを卒業したような人間も最低に違いない」

特定の地域や学校の傾向をもとに、そこに関わる人間がすべてダメであるかのように語っています。どちらも論理が成り立っていないことは、言うまでもありません。

他にも「アメリカはＧＤＰが高い国だから、国民は経済的に豊かな暮らしをしている」や「あの芸能人は反社会勢力に関わったことがあるから、あの人の弟子もそうに違いない」など、他者への偏見につながりやすいのが「分割」の特徴です。

自分自身が罠にハマってしまうことも多いので、なんらかの主張を展開したいときは「分

割」を意識してみください。

欠陥論理パターン8

「第三要素の脱落」

「第三要素の脱落」は、目の前の関係性に飛びついたせいで、隠された別の要因を見逃してしまうタイプの思考です。この欠陥論理の事例としてよくあげられるのは、次のようなものです。

「ある海水浴場では、水難事故が増えれば増えるほど、アイスクリームの売り上げも伸びる傾向があった。つまり、水難事故の原因はアイスクリームだ」

結論のおかしさは一目瞭然で、アイスクリームが水難事故を起こすとは考えられません。つまり、この問題には、隠された「第三要素」が原因として働いていると考えられます。それはいったいなんでしょうか？

答えは、「気温の高さ」です。

夏に気温が高くなれば海水浴客が増え、そのぶんだけ水難事故の発生率は上がりますし、同時にアイスクリームの売れ行きも伸びます。どちらも隠れた第三の要素で発生した現象なのに、両者に関係があるかのように見えてしまったわけです。

もうひとつ、私が実際に見かけた例を紹介します。

かつてネットのニュースサイトにこんな記事が出たことがありました。

「オーストラリアの有名大学から、衝撃の研究結果が発表された。なんと、テレビを1日6時間以上見る人は、そうでない人に比べて寿命が5年も短いというのだ。どうやらテレビは寿命を縮めるらしい」

テレビ視聴そのものが寿命の低下をもたらすとは考えにくいため、やはり「第三要素」を疑ったほうがよさそうです。

この場合の隠された「第三要素」とはなんでしょうか？

答えは「運動不足」です。

テレビを1日に6時間も見るような人は座っている時間が長いでしょうから、おのずと身体を動かす量は減ります。たんに「テレビが」寿命を縮める、と考えるよりも、だいぶ正解に近い答えでしょう。

「第三要素の脱落」は、商品販売の場面などでもよく見かけます。知ってか知らずか「第三要素」を抜かしたままで商品の効果を宣伝する企業がとても多いのです。

・ダイエット業者の例

「このダイエットプログラムを使うと、脂肪の燃焼スピードが倍になる。その証拠に、プログラムを実践した人は、なにもしなかった人に比べて、ダイエットの成功率が120%高まった。値段は高いがそれだけの効果はある」

↓この事例では、「高価なダイエットプログラムに参加するような人たちは、もともと減量へのモチベーションが高い」という「第三要素」が抜けています。この「第三要素」の可能性を取り除きたいなら、減量のモチベーションが低い人でも同じような効果が出るのかを調べねばなりません。

・コンサルタントの例

「最近の経営学の調査では『パーパス』という言葉がよく使われる。これは企業の存在理由や存在意義を示す言葉で、パーパスを理解している従業員ほど会社の業績に貢献しやすいことがデータでも示されている。つまり、社員にパーパス教育をおこなうことが、業績アップの秘訣だと考えられる」

→この事例では「社員の年齢」などが「第三要素」として考えられます。年を経て経験を積んだ社員ほど業績への貢献度は高く、その会社のパーパスもよく理解していると考えられるからです。

アイスクリームや運動不足の例ならまだ気づきやすいでしょうが、専門家が耳慣れない言葉を使ってくると、つい「本当かも？」と思ってしまうものです。**もし相手が自信満々にうまい話を持ちかけてきたら、「第三要素はないだろうか？」と疑ってみてください。**

欠陥論理の8つのパターンまとめ

パターン①
矛盾

パターン②
偶然

パターン③
偽要因

(誤) Yが原因でXが起きた

(正) Xが起きた結果として
Yが起きた

パターン④
論点先取

「(原因) ➡ (結果)」
ではなく
「(結果) ありきの (原因)」に
なっている

パターン⑤
言い逃れ

指摘
こっ これは
○○で…

パターン⑥
無知の議論

Xは間違いを
証明できないのだから
Xは正しい

パターン⑦
合成と分割

(合成) 「ある部分がXだから
全体もXだ」

(分割) 「全体がXだから
ある部分もXだ」

パターン⑧
第三要素の脱落

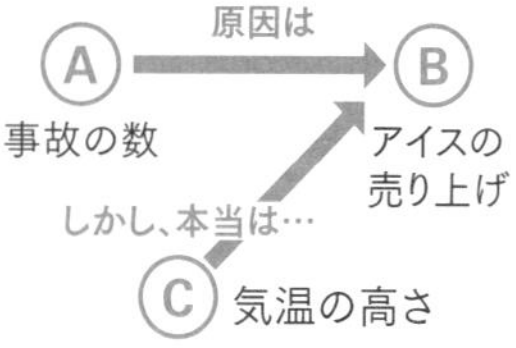
原因は
A
事故の数
B
アイスの
売り上げ
しかし、本当は…
C
気温の高さ

第7章

他人を操作できる 9つのクリティカル・シンキング

クリティカル・シンキングで「洗脳」を防ぐ

本章のテーマは「洗脳」です。特定の話術やテクニックを使い、マインド・コントロールをおこなうための技法について見ていきましょう。

洗脳とクリティカル・シンキングは一見、関係なさそうですが、その印象は大間違いです。**洗脳の定義をひと言で言うと、「ものごとの見方をひとつに強制されること」**だからです。

教祖の言葉だけに従うカルト宗教、トップの行動が絶対の規範になる独裁国家、暴力思想を叩き込まれるテロ組織など、偏った組織では必ず特定の方向に思考を矯正されます。そこに自分の意志が働く余地はありません。

その一方で、これまで何度もお伝えしてきたとおり、クリティカル・シンキングには「複数の視点を持つ」という要素がふくまれます。ひとつの思考にとらわれず、あらゆる方向からものごとを見つめるのがクリティカル・シンキングの大前提です。

その点で、**洗脳とクリティカル・シンキングは、同じコインの表裏のような関係**にあります。

つまり、クリティカル・シンキングを学んでおけば、こちらを洗脳してくる相手に気づけるわけです。

「自分には洗脳など関係ない」と思われたかもしれませんが、私たちの身のまわりには洗脳があふれています。

もちろんカルト宗教や独裁国家レベルの洗脳に出くわすケースは少ないでしょうが、ネットの噂やニュースに流されたり、世の中の空気に振り回されて大事なことを決めてしまう人は少なくありません。企業マーケティングや教育の世界など、無意識に私たちの心を操ろうとする組織や団体は無数に存在します。

そこで本章では、よく使われる9つの洗脳テクニックをお伝えしていきます。

洗脳テクニックの存在を知っておくと、世の中の裏側が読みやすくなりますし、悪用すれば他人を思うままに動かすこともできてしまいます。**くれぐれも悪用厳禁で、自分の身を守るための知恵としてお使いください。**

洗脳テク1

「ネーム・コーリング」

「ネーム・コーリング」は、特定の人や物にネガティブなラベルを貼りつける技法です。

たとえば次のような会話があったとしましょう。

A「金持ちはもっと貧しい人たちにお金を分け与えるべきだ！　いまは一部の人間が富を独占しすぎている！」

B「そうは言いますけど、あなたはこのあいだ高級な車を買ったばかりじゃないですか。そんな人がする主張は信用できませんね」

A「私の車と主張は関係ない！」

これはAさんの言葉が正しく、「富の分配」と「高級車の購入」にはなんの関係もなく、それで主張の正否は判断できません。しかし頭でわかっていても、反射的にＡさんの言葉に疑いを持ってしまう人は多いでしょう。大半の人が「お前が言うな！」と思ってしまうはずです。

このようにネーム・コーリングは相手の信頼性を下げる働きが強く、討論の場などでもよく見かけます。２０２０年のアメリカ大統領選挙で、民主党側が「トランプは汚い差別主義者だ！」と敵陣営をののしり、共和党側が「バイデンは卑屈な中国の犬だ！」と返したのもネーム・コーリングの典型的な例です。

不用意にネーム・コーリングに乗ってしまうと、こちらがどんどん不利な立場に追いやられてしまいます。もうひとつ会話例を見てみましょう。

Ａ「近ごろウチの会社はモラルが乱れている。これを正すために、もう少しこまかなルールを定めようと思う」

Ｂ「いや、君みたいな『ダメ人間』に言われても誰も納得しないから、その提案は間違ってるでしょ」

Ａ「僕のどこがダメ人間なんだよ！」

Ｂ「このあいだも遅刻したし、机の上も汚いしさぁ」

A「その遅刻は親戚の不幸があってしかたなかったんだよ！　机だってこの前は忙しかったからたまたま汚くなっただけ！」

B「いや、まだまだあるぞ。先週はゴミの分別を間違えてたし……」

Bさんが持ち出した「ダメ人間」の話題に乗ったため、Aさんは「自分はダメではない」という論点を主張し続ける展開になってしまいました。いったんこうなると、Aさんは不利な展開に追い込まれていくばかりです。

相手のネーム・コーリングへの対処法

もし相手がネーム・コーリングを使ってきた場合は、次のように言ってみてください。

・論点のズレを指摘する

＝「いや、僕がダメ人間かどうかはルールの設定とは関係ない」

・ネーム・コーリングを指摘する

＝「ネーム・コーリングって知ってる？　特定の人にネガティブなラベルを貼りつけることなんだけど、いまの君がやってるのはまさにそれなんだよ。ネーム・コーリングをしているあいだは、ちゃんとした話ができないよ」

個人的におすすめなのは「ネーム・コーリングの指摘」です。ネーム・コーリングをしてくるような相手はそもそも論点のズレを認識できないことが多いため、一段上の視点から現状を説明したほうが効果的なことがよくあります。

洗脳テク２
「グラッドワード」

「グラッドワード」は、道徳的な言葉を多用して相手の気分を持ち上げる手法です。

人間なら誰しもいい人だと思われたいし、道徳的に正しい人間だという印象を与えたいものです。「俺は道徳など気にしない人間だ」などとうそぶく人もいるでしょうが、そんな人でも、自分にとって大事な相手から悪く思われればネガティブな気分になってしまうでしょう。

グラッドワードをもっともよく見かけるのは政治の世界です。「美しい国、日本」「アメリカを再び偉大な国に」「ロシアの報道機関は世界でもっとも自由だ」といった政治スローガンにはこれといった根拠も中身もありませんが、有権者の心を持ち上げて投票に向かわせる効果を持ちます。

グラッドワードのメリットは、裏づけとなる情報や理由がなくても、言葉に説得力を持たせられることです。

「あなた方は勇敢だ」や「これから希望に満ちた時代がはじまる」などと言われれば、すぐに納得はしないにしても悪い気持ちはしないでしょう。その積み重ねにより、少しずつ懐柔されてしまうのがグラッドワードの恐ろしさです。

その他グラッドワードによく使われる言葉には、「自由」「強さ」「正直」「公平」「最高」などがあります。企業のマーケティングでもよく見かける手法で、

「この時計は一流の男にだけふさわしい」

「すべてを凌駕する完璧なコーヒー」

「この本が1冊あればすべてうまくいく」

といったように、きらびやかなフレーズを多用して、なんとなく私たちをいい気分にさせてきます。もしグラッドワードを使う人や商品に出くわしたときは、「とにかく具体的な事例を3つ教えてください」や「端的に言ってください」とだけ尋ねてみてください。

洗脳テク3
「トランスファー」

「トランスファー」は「転送」を意味する英単語で、ポジティブなシンボルを使って自分の権威を高めるテクニックを意味します。

アメリカの政治家が演説する背景に大きな星条旗をあしらっておくような行為は、トランスファーの代表的な例です。

多くのアメリカ人にとって星条旗は偉大なシンボルなので、背景に国旗を貼っておくだけでもポジティブな雰囲気が生まれ、自分の話を受け入れてもらいやすくなります。

このように、世間的にいい印象があるものを使えば、たいして根拠がなくても説得力が上がるのがトランスファーの恐ろしいところです。もう少し具体的な例を見てみましょう。

・白衣を着た俳優が「この鎮痛剤をおすすめします」と宣伝する広告

↓「白衣＝専門的な知識が豊富」といったパブリックイメージを鎮痛剤に転送し、権威を高めています。

・大自然のなかで女優が美しい髪をなびかせるシャンプーのCM

↓「大自然＝天然で混じりっけがない」という自然のいいイメージを商品に転送させています。

・「東大生に一番読まれた本」という書店のPOP

↓東大の威信を書籍に転送させて、内容を権威づけています。

身近な「トランスファー」の例

①白衣を着た俳優が「この鎮痛剤をおすすめします」と宣伝する広告

鎮痛剤 ← 転送 ― 「白衣＝専門的な知識が豊富」というパブリックイメージ

②大自然のなかで女優が美しい髪をなびかせるシャンプーのCM

シャンプー ← 転送 ― 「大自然＝天然で混じりっけがない」という自然のイメージ

トランスファーが絶対に悪いとは言いませんが、いずれも商品やコンテンツの実態を正しく表していない点は同じです。トランスファーの魔力に立ち向かうためには、次のような自問自答をおこなうようにするといいでしょう。

- **「話し手の提案」をもっともシンプルな言葉で表現すると、どうなるだろうか？**
- **話し手は、どのような権威やシンボルを使っているのだろうか？**
- **話し手の提案と、そこで使われている権威やシンボルに正当なつながりがあるのだろうか？**
- **その提案だけを見た場合、私にはどのようなメリットがあるだろうか？**

洗脳テク4

「偽のアナロジー」

「偽のアナロジー」は、実際には類似として使えないものを、同じものであるかのように提示する手法です。具体的な例から見てみましょう。

A「私はBさんと同じぐらい働いているし、ノルマの達成率は上回っている。それなのに彼だけ給料が上がっているのは理解できない。私も同じ額をもらうべきだ」

一見すると、Aさんの発言には正当性があるようにも思えます。本当にAさんが同じレベルで働いているなら、Bさんと同じ給料をもらわないと不公平でしょう。

しかし、少し考えてみれば、Aさんの発言には無理があることがわかります。確かに労働量は大事ですが、給料アップの基準になるのはそれだけではありません。

同僚とのチームワーク、交渉力、取引先からの評判など、サラリーマンの評価を定める要素は他にも無数に存在します。それらのポイントを無視して、「労働量が似ている」という点だけを批判の材料に使うのは間違いでしょう。

このように、本当は似ていないポイントを、あたかも同じであるかのように扱うのが「偽のアナロジー」です。

私の体験も紹介しておくと、少し前にこんなことを言うテレビマンがいました。

「いまはネット広告が伸びてますけど、じつはまだまだテレビのほうが上なんですよ。テレビ広告の規模感にはまだまだかないませんね」

こちらも一見もっともらしい発言ですが、考えてみるとやはりおかしな点が見えてきます。そもそもテレビはかなりの独占産業であり、多くのテレビ局が格安で電波の利用権を使い、携帯電話の事業者などとは比べものにならない優遇を受けているのは有名な話でしょう。

一方でネットコンテンツにはなんの優遇もありませんし、莫大な製作費が動くテレビ業界とは違ってたいした投資もかけていません。つまり、ネットのほうが圧倒的に不利な立場であるにもかかわらず、テレビを追い越す勢いで広告費が伸び続けているわけです。

1億円かけて10億円の利益を生む企業と、1000万円で10億円の利益を生む企業を比べたら、どちらが優勢なのかは一目瞭然でしょう。**利権やコストといったベースラインを揃えないと、両者は正しく比較できない**はずなのです。

他にも「偽のアナロジー」がまかりとおる例は多く、ネットのグルメ評価サイトなども典型的です。ワンコインでおいしい料理を出す街の料理屋と、1人5万円以上をとる高級店を「5つ星」で同じように比べたところで、なんの参考にもなりません。

500円払って5000円分の価値があるご飯が食べられればとても嬉しいでしょうし、3万円を出して5000円分の食事しか出なかったら怒りを覚えるでしょう。根本の条件が違うのに一線に並べても意味はありません。

もし**なんらかの比較を見たら、「これは本当に関係があるもの同士を対比しているか?」「一部の類似点だけを抜き出して比べていないか?」と考えてみましょう。**それだけでも「偽のアナロジー」の影響に強くなるはずです。

洗脳テク5

「テスティモニアル」

「テスティモニアル」は証明や証言を意味する英単語で、洗脳テクニックの世界では「ビッグネームに自分の意見やアイデアを推奨してもらう手法」を意味します。コマーシャルや政治などの世界で定番のテクニックです。

近年では有名人のツイッターやインスタグラムで商品を紹介してもらうのが当たり前になり、ちょっと前には、芸能人や有名なブロガーが「血液クレンジング」を一斉に推奨して炎上騒ぎになったことがありました。

血液クレンジングには科学的な正当性がないにもかかわらず、「疲れをとるために最高」や「身体のメンテナンスに最適」といった芸能人の投稿が相次いだのです。

有名人の推奨だからといって効果が保証されるわけでないことは誰にでもわかる話でしょう。血液クレンジングの専門知識を持った芸能人など、ほぼいないはずです。

しかし、そうは言っても頭と心が裏腹に動いてしまうのが人間です。**「これは芸能人を使ったステルスマーケティングだろう」とわかっていても、あなたの尊敬する人物が発言した場合は、心の片隅ではポジティブな印象を抱いてしまうもの**なのです。

なお、テスティモニアルに使われるのは有名人だけではありません。次のような言いまわしもよく見られます。

「この改正法案により、現在の貧困格差には一定の改善が見られるだろう。そのことに疑いをはさむ法律家はまず存在しない」

「ほとんどの医師は、彼らが主張する医療制度について異を唱えている」

これらの例では「法律家」や「医師」という漠然とした権威が使われており、聞き手が内容の信憑性を判断できる要素がありません。それでもなんとなく読み進めてしまうと、「その道の専門家も話し手の意見に賛成しているのだな」といった印象が残るでしょう。

こういった仕掛けに出くわしたときは、次の質問を自分に投げかけてみてください。

・この人物（または組織や権威）が、問題となっているテーマについて専門的な知識を持っている、または信頼できる情報を持っていると考えるべき理由はあるか？

・この人物（または組織や権威）の証言を省いた場合に、そのアイデア自体にはどれぐらいのメリットがあるだろうか？

洗脳テク6 「庶民派アプローチ」

「庶民派アプローチ」は、「私は皆さんと同じ一般市民です」や「私もあなたがたと同じ悩みを抱えているんです」といったように、自分の平凡さを強調して親密さを上げる技法です。

政治家や芸能人に好まれる手法で、歌姫と呼ばれる歌手がカップラーメンの話をしたり、資産家のインスタグラマーが薬局の特売日を喜ぶ投稿をしたりと、セレブが一般人に近い存在をアピールする事例はいくらでも見つかります。

この手法が効果的なのは、**私たちには、自分に近しい人にほど親しみを覚える心理があるか**

らです。

初対面の相手が同郷の人間だとわかった瞬間から、急に距離が近づいたような感覚が生まれるのはよくあることでしょう。この現象を使って、セレブや政治家は自身の好感度を高めようとするわけです。

このパワーは思うよりも強く、アメリカの歴代大統領はみな「庶民派アプローチ」の達人でした。マクドナルドで食事をする姿をアピールしたビル・クリントン。ブロッコリー嫌いを告白して親みやすさを上げたジョージ・ブッシュ。マキ割りの姿を何度も報道させたロナルド・レーガン。

みんな巨額の富を持つ資産家だったにもかかわらず、ことあるごとに庶民派の姿を宣伝していました。事情は日本でも変わらず、最近では総理大臣がパンケーキを食べる姿が話題になったばかりです。

さらにもうひとつ、**「過去の苦労話」も庶民派アプローチの定番テクニックです。**ジミー・カーター元大統領が貧しいピーナッツ農家の出身を強調し続けたように、自分がどれだけ過去に苦労したかを強調するのも好感度アップに大きな効果を持ちます。

庶民派アプローチをする話し手に出会ったときは、次の質問を自分に投げかけてみましょう。

・この話し手の「主張」と「キャラクター」を切り離した場合、その主張にはどのような価値があるのだろうか？

・この話し手は、一般人との近さを装うことでなにを狙っているのだろうか？

洗脳テク7
「カード・スタッキング」

「カード・スタッキング」は、情報の都合がいいところだけを強調し、都合が悪い側面は隠して議論を組み立てる手法のこと。正しい判断に必要な情報が提示されないため、見破るのがもっとも難しいテクニックです。

よくあるのは商品販売の事例で、さんざん自社製品の性能をアピールしたあとで、「いまご購入いただくともうひとつオマケでついてきます！」などと切り出す手法を見たことがある人は多いでしょう。

ここでおこなわれている「カード・スタッキング」は、**「型落ち商品である事実を隠す」**というもの。**無料で追加の商品をもらえると言われれば誰でも心が動くものですが、その裏では、数世代前の古い機種を大量に仕入れ、型落ちの事実を伏せたまま宣伝している**のです。この事実を知ったうえで購入にふみきる消費者は少ないはずです。

カード・スタッキングをおこなう人たちは、デメリットを隠してこちらに夢だけを見せてきます。人間は自分が信じたいものを信じる生き物なので、相手に夢さえ見せてしまえばいかようにもコントロールができるからです。

重要なのは、相手がなにを見せているかではなく、なにを見せていないかです。先にも述べたとおりカード・スタッキングを見破るのは難しい作業ですが、自分の身を守るためには、大事な決定を下す前にできるだけ多くの情報を得るしかありません。

こちらに夢や希望を与えてくるような情報に出くわしたら、次のような質問を自分にしてみてください。

・**事実が歪曲されたり、省略されたりしていないか？**

洗脳テク8

「バンドワゴン」

第5章でもご紹介しましたが**「バンドワゴン」は、「みんなもやっているから」というポイントを強調することで説得力を持たせる技法**です。

・発売1週間でたちまち10万部突破！
・ツイッターで50万リツイート！
・当店で売れ行きナンバーワンの機種です！
・在庫希少！　売り切れ間近です！

などの売り文句はすべてバンドワゴンの典型例。**「たくさんの人が支持しているなら間違い**

ないだろう」と思ってしまう人間の心理を使い、あなたをコントロールしようと狙っているわけです。

バンドワゴンの効果は何度も実証されており、心理学者のソロモン・E・アッシュがおこなった実験では、研究チームが雇った3人のサクラに空を見上げさせたところ、そこを通りがかった人たちの6割が同じように空を見上げ続けたのだとか。

たとえ**理由がわからなくても、他の人が空を見上げていたら、大多数の人は同じ行動を取ってしまうもの**なのです。

近年はバンドワゴンの主戦場がSNSに移り、フォロワーを金で買うセレブやインフルエンサーがあとを絶たないのはご存じのとおりです。インディアナ大学の研究によれば、Twitterの全アカウントの約15％は人間ではなくボットに管理され、Facebookにも6000万近くの偽アカウントがあったそうです。

私のもとにも、バンドワゴンを使ってくる営業マンがよく現れます。

営業マン「弊社のシステムなら、自分だけの動画配信サイトを格安で導入できますよ」

私「それって初期費用がかかりすぎていませんか？」

営業マン「確かに最初のコストはかかります。でも皆さん最終的にはこの料金でご満足いただいてますし、これは業界の相場ですよ」

私「みんなの反応や相場はわかりました。ただ、ここでの問題はその費用に見合ったリターンを得られるかどうかです」

営業マン「あぁ、まぁ確かにそうなんですが……」

「業界の相場」「弊社の規定」「みんな満足」などもバンドワゴンでよく使われる言葉です。このようなフレーズを切り出されたら、次の質問を自分に投げかけてみるといいでしょう。

- **他の人が支持しているという事実をさておいて、私は話し手の主張や提案を支持すべきだろうか？**
- **話し手の主張や提案に賛成できる点、賛成できない点はどこだろうか？**

洗脳テク9

「白黒思考」

「白黒思考」は、実際には他にも選択肢があるのに、2つの選択肢だけを提示して判断を迫る手法です。

たとえば次のようなことを言う人がいたら、あなたはどう思われるでしょうか？

「YouTubeはもう参加者が多すぎて、これ以上の再生回数アップは望めません。このまま続けていても収益は下がっていくばかりです。新しいメディアを見つけなければ、もう先はないでしょう」

確かに現在のYouTubeは参加者の数が飽和状態にあり、ひとつのチャンネルあたりの再生数も低下傾向にあります。しかし、この人物が指摘するように、本当に「YouTubeを続けるか止めるか」の二択しかないのかといえば、そんなこともないはずです。よく調べれば現在のチャンネルに改善の余地が見つかるかもしれませんし、私のように「YouTubeは有料サイトへの入り口」と位置づけて、そもそも再生回数を気にしない手法もありえます。

この世の中に白か黒かで決着がつくような問題などほとんどなく、たいていは第三、第四の道があるもの。そんな**代替案の存在を無視してこちら側の思考力を奪ってしまうのが、「白黒思考」の恐ろしさ**です。

その他、白黒思考にはこんな例もあります。

「私と仕事のどっちが大切なの？」
「反原発の活動に疑問があるということは、君は原発推進派だな？」
「経済学が未来を正確に予想したことはない。つまり、経済学は学問の名に値しないということだ」

いずれの発言も、ものごとを強引に2つに分けて、それ以外のグレーゾーンを認めません。本来は別の答えもあるはずなのに、2つの選択肢だけから選ぶように迫って、相手の思考力を奪おうとしているのです。

白黒思考が洗脳に効くのは、相手に即断即決を迫ることが可能だからです。

いくつか例をあげましょう。

「肉が多い食事が身体に悪いのは間違いない。ならば、ベジタリアンになるしかないだろう」

↓「ほどよく肉を食べつつ野菜もたくさん食べる食事」という第三の道を無視して、肉食か菜食かの2つに限定しています。

「あんな難しい語学教材を使ったところで、モチベーションが落ちるばかりで英語力は伸びない。私がおすすめするような簡単な教材でないと意味がない」

↓世の中の英語教材を「難しい」か「やさしい」かの2つにだけ分類し、「その人に適した難易度」の存在を無視しています。

このように、白黒思考は私たちの視野をせばめてしまう効果を持ちます。相手の強弁に流されないためにも、なにか重大な決断を迫られたときは「これは白黒になっていないか？」を考えるようにしてください。

おわりに

本書ではクリティカル・シンキングの意味と使い方を、具体例をもとにお伝えしてきました。

元号が変わり五輪イヤーだと祝賀ムードに包まれた年明けから一転、2020年は未曾有《みぞう》の事態となりました。世界中が混乱の渦に巻き込まれる一年となることを誰も予測しなかったはずです。未来は誰にとっても不確実で、茫漠《ぼうばく》としています。

不確実性がますます高まる現代において、あらゆる分野にわたってクリティカル・シンキングの能力を養うことは有用であり、現代人にとって必須のスキルといっていいでしょう。

何度もお伝えしたとおり、クリティカル・シンキングに完璧な正解はありません。

つねに自分の思考の先にある「ベスト」を探し続けることで少しずつ成熟に近づいていく、終わりのない旅のようなものです。

２０２０年10月に「Dラボ」を開設してからというもの、約10万人もの会員（２０２１年１月末現在）が私の動画を視聴してくれています。

とてもありがたいことですが、そんな私も日々、自分の選択が正しいのか、他にもっとよい方法はないかと模索し、自らに問い続け、考え続けています。

クリティカル・シンキングという究極の「悩む力」を武器に、自分の選択が正しかったと思える未来を、ともにつくっていきましょう。

２０２１年３月

メンタリストＤａｉＧｏ

参考文献一覧

Brooke N Macnamara et al. (2014)Deliberate practice and performance in music, games, sports, education, and professions: a meta-analysis.Psychol Sci;25(8):1608-18

Keith E Stanovich et al. (2008)On the relative independence of thinking biases and cognitive ability.J Pers Soc Psychol;94(4):672-95

Morewedge, C. K., Yoon, H., Scopelliti, I., Symborski, C. W., Korris, J. H. and Kassam, K. (2015). Debiasing Decisions: Improved Decision Making With A Single Training Intervention. Policy Insights from the Behavioral and Brain Sciences, 2(1), pp. 129-140.

Heather A. Butler et al. (2017)Predicting real-world outcomes: Critical thinking ability is a better predictor of life decisions than intelligence.Thinking Skills and Creativity;25:38–46

Foundation for Young Australians(2016)THE NEW BASICS:Big data reveals the skills young people need for the New Work Order.FYA's New Work Order report serie

World Economic Forum(2016)The Future of Jobs.Employment, Skills and Workforce Strategy for the Fourth Industrial Revolution.Global Challenge Insight Report

Hajo Adam et al. (2018)The shortest path to oneself leads around the world: Living abroad increases self-concept clarity.Organizational Behavior and Human Decision ;145:16-29

Justin D.Braun et al. (2015)Therapist use of Socratic questioning predicts session-to-session symptom change in cognitive therapy for depression. Behaviour Research and Therapy; 70: 32-37

Soroush Vosoughi et al. (2018)The spread of true and false news online. Science ; 359: 1146-1151

Horn, S. (2018). Critical thinking efficacy and transfer at an International Baccalaureate Diploma Programme school in Finland.Journal of Research in International Education;18:23-41

Nurkhairo Hidayati et al. (2019)Examining the Relationship between Creativity and Critical Thinking through Integrated Problem-based Learning and Digital Mind Maps.Universal Journal of Educational Research 7(9A): 171-179

『成功するには ポジティブ思考を捨てなさい』ガブリエル・エッティンゲン 著／大田 直子 翻訳（講談社）

パレオな男　https://yuchrszk.blogspot.com

著者プロフィール
メンタリストDaiGo（めんたりすと だいご）
慶應義塾大学理工学部物理情報工学科卒。人の心をつくることに興味を持ち、人工知能記憶材料系マテリアルサイエンスを研究。英国発祥のメンタリズムを日本のメディアに初めて紹介し、日本唯一のメンタリストとしてTV番組に出演。その後、活動をビジネスやアカデミックな方向へ転換、企業のビジネスアドバイザーやプロダクト開発、作家、大学教授として活動。趣味は1日10〜20冊程度の読書、猫と遊ぶこと、ニコニコ動画、ジム通いなど。ビジネスや話術、恋愛、子育てまで幅広いジャンルで人間心理をテーマにした著書は累計400万部を超える。
主な著書に、『自分を操る超集中力』『知識を操る超読書術』（かんき出版）、『自分を操り、不安をなくす究極のマインドフルネス』（PHP研究所）などがある。

●YouTube「メンタリストDaiGoの心理分析してきた」
https://www.youtube.com/user/mentalistdaigo

●Dラボ
https://daigovideolab.jp

悩む力
—天才にすら勝てる考え方「クリティカル・シンキング」

2021年4月1日　第1刷発行
2021年4月5日　第2刷発行

著　者　　メンタリストDaiGo

発行者　　櫻井秀勲
発行所　　きずな出版
東京都新宿区白銀町1-13　〒162-0816
電話03-3260-0391　振替00160-2-633551
https://www.kizuna-pub.jp/

印刷・製本　　モリモト印刷

ISBN978-4-86663-135-6

きずな出版